やまと言葉の人間学

竹内整一
Takeuchi Seiichi

ぺりかん社

はじめに――やまと言葉で考えるということ――

私はこれまでに、『やまと言葉で哲学する』『やまと言葉で〈日本〉を思想する』といったような本を上梓してきた。そこでも述べてきたことであるが、なぜ〝やまと言葉で〟なのか、について、くりかえしになるが、あらためて確認しておきたい。

こうした一連の仕事の起点になったのは、和辻哲郎《わつじてつろう》の、以下のような呼びかけであった。

日本人は何ゆえに彼らの活《い》きた言葉をもって考えようとしないのであろうか。平俗な言葉を使うのが学者の威厳をそこなうがゆえであろうか。あるいは潑剌《はつらつ》たる生の内容を担った言葉をコナシ切れず、すでに哲学語として使い古された言葉の翻訳を必要とするのであろうか。……日本語は哲学思索にとって不向きな言語ではない。……日本語をもって思索する哲学者よ、生まれいでよ。

（「日本語と哲学の問題」）

こうした呼びかけは、近代以降のわが国の哲学的思索が、明治のはじめに大量生産され、その後もずっと造られ続けている翻訳用語（たとえば、悟性、弁証、脱構築、差延、決疑論……等々）を基本になされてきたということがあるからである。たしかに、それらは「日常生活から縁遠い、人工的に為作された学術語」（同）である。

また、グローバリズムの現代、さらに顕著になってきたのは、おびただしいほどのカタカナ思想用語（たとえば、アゴニズム、インテグリティ、エスノセントリズム、セマンティクス……等々）の氾濫という事態である。翻訳－造語という一種の解釈の手間をも取らずに、音のみで概念を直輸入したものである。

思想用語ではないが、ＩＴ用語、音楽用語などは、こうしたカタカナ用語であふれ、まるで暗号のようで、文字面を見ても、まったく類推もできず分からないということが当たり前のように起きてきている。これらは、日常用語としても流通しているが、そうでありながら、それらはいずれも、けっして「活きた……溌剌たる生の内容を担った言葉」としては使われていない。

哲学的思索におけるカタカナ用語の問題とはすこし異なるが、基本的には同じような事態としていえば、日本の医師が今なお、カルテを書くのに英語ないしドイツ語を多用しているところにもあるように思う。和辻の表現を借りるならば、どうして彼らは「活きた……溌剌たる生の内容を担った言葉」で診断しようとしないのであろうか。インフォームド・コンセント、ノーマライゼーション、リビング・ウィル、ＱＯＬ……等々といったケア用語も同様である。

患者の病状などという、それこそ、より具体的・直接的な状態を表すのに、われわれにとっては日本語が、とくに、たとえば、日常でもふんだんに使用されている擬声語・擬態語などは、その格好の表現を備えている。「しくしく痛む」のか、「じんじん」なのか、「ずきんずきん」なのか、「ずーんと」なのかは、微細な違いのままにきわめて精確に言い表すことができる。日本人患者が、外国人医師に診てもらって、もどかしいのは、そうした表現が通じないことだと聞いたことがある。診断やケアの話だけでなく、より具体的・直接的な繊細さを求められるわれわれの日々の生活でのあれこれの気持ちのやりとりや、「おもてなし」の応接、「ものづくり」の現場の用語にしても、こうした言葉遣いのあり方と切り離して考えることはできない。

熊倉千之『日本語の深層』は、たとえば、日本料理の感性の鋭さ・細やかさは、本来、ながらく文字をもたなかった無文字社会の話し言葉であったやまと言葉の特性、言葉遣いと深く関わっていると、こう指摘している。

――日本語の「熱い」「冷たい」と欧米語の"hot""cold"は違う。やまと言葉の「熱い」「冷たい」は、話し手の主観・感覚で語られているのに対して、"hot""cold"は、書き文字をもっていたがゆえに、より抽象的・客観的な事象の性質としても語られてきた。「熱い」「冷たい」は、本来、料理人の舌や指などの皮膚が料理されたものに触れたときの感覚表現であって、客観的に「～度」というような数値化されるものとは異なるところがある。「甘い」「しょっぱい」なども同じであって、そうした具体的感性においての手間暇があってこそ、繊細で微妙なおいしさをつくりだすことができるのだ、と。

ちなみに、「彼はかなしい」「彼はうれしい」といった、一見、ごくふつうに言いうるような日本語がしっくりこないのは、その「かなしい」「うれしい」が、基本的に話し手の主観・感覚として語られているからであり、"He is sad.""He is happy."が変ではないのは、"sad""happy"という言葉の客観的（辞書的）な意味が前提とされているからである。「かなしい」「うれしい」は、同じ言葉で表現されていても、その内実はそのときどきによって微妙に異なることを前提に、その場で推し量られ、すり合わせられながら用いられている。些細なことのように見えながら、ここにはかなり大事なことがふくまれているように思う。

簡単におさらいをしておけば、日本語とは、ながらく書き文字をもたない話し言葉であったやまと言葉に、大陸より伝えられた漢字から「かな（カナ）」という表音文字をつくり当て、また表意文字としての漢字そのものも取り入れて、その複合体のうちに形成されてきた言葉である。述べたように、さらに近代・現代になって多くの翻訳造語とカタカナ用語も、あわせて新しい日本語として用いられてきている。

それゆえ、日本語で思索するというのは、そうしたものの複合体において考えるということである。が、江戸近世において国学者が行ったことは、大陸の漢字性による、いわゆる漢意《からごころ》の発想を排除して、やまと言葉やその文法・文脈において考えてみようとすることであった。漢意の発想とは、概念化・分節化した言葉を基本要素に、それらを連ねてものごとを客観的・抽象的に捉えようとする発想（漢意＝さかしら）のことである。本居宣長《もとおりのりなが》らは、『古事記《こじき》』にはそうした発想がなかったがゆえに、おだやかでみやびな秩序がありえたと考え、漢意のない発想を純粋なかたちで復活させようとしたのである。

国学のこうした思索が、日本の思想・文化をあらためて見つめ捉え直すことに大きな意義をもったことはいうまでもないが、私がこの一連の仕事で試みていることは、そうしたこととは同じではない。漢語や翻訳語、また外来のカタカナ用語を排除して純粋なかたちの日本語だけで考えようということではないし、ましてや、その先に純粋なかたちの日本精神なるものを取りだそうとしているわけではない。

もともと複合語である日本語から、漢字やカタカナを取り除いてしまったら、日本語は成り立たないし、そもそも、人はいっさい概念化・抽象化することなしに、とりわけ哲学的思索をすることなど不可能である。

そのことを確認したうえでのことになるが、ここでしようとしていることは、漢語や翻訳語、またカタカナ用語の概念性や抽象性を排除した思考を目指すのではなく、それらにかくれて、今ではあまり意識されることもなくなってきてしまったやまと言葉の持ち来たった、他者や事物への、より具体的、より直接的な結びつきや関わりのあり方を、それ自体として確かめてみたかったということである。日常からかけ離れてあると思われる概念性や抽象性も、そのことによって、あらためて「活きた」「溌剌たる生の内容」を取り戻すことができる。

たとえば、われわれは「慰霊」「鎮魂」という（明治近代語としての用法の）言葉で、それらを何かしらまとまったかたちで理解しているつもりでいる（しばしば、「レクイエム」などの雰囲気を思い浮かべて）が、そもそも「なぐさ（慰）める」とはどういうことか？「しず（鎮）める」とは？「たま・たましい（霊・魂）」とは何なのか？と、やまと言葉にまで、いわば開いて問い進めると、あらためてさまざまなものとの結びつきや関わりといったものを問い直さざるをえなくなってくる。そうしたことを意識的に問うてみようということである。

くりかえして確認をしておくと、この本の試みは、和辻の、なぜわれわれは哲学という営みにおいて、「最も日常的な、最も平俗な」「溌剌たる生の内容を担った言葉」「活きた言葉をもって考えようとしないのであろうか」という提言を受けたものである。その提言が、昭和初めの当時にもまして、今さらに有効・不可欠だと思われたからである。

『広辞苑』は、本書でも何度か使っているが、現代語辞書でありながら、編集方針で古い順に語義をならべている。今使っている言葉の背景にある、その言葉の成り立ってきた由来をたどることによって、その言葉の、より深い含意もわかるようになっている。ひとつの見識であろう。ここでも、取り上げる言葉は、できるだけ古いところからの、それも具体的な場での生きた用例をふまえながら〝あらためて〟考えてみたいと思っている。

「あらためる」とは、つねに「古」を「今」において「検《あらた》める」ことによって「新」へと「改《あらた》める・新《あら》ためる」といういとなみである。和辻の、「反省以前の人間の自己理解」のあり方を確かめるという哲学思索には、まずもってこうした営為が求められているように思う。

やまと言葉の人間学＊目次

II 「なつかしさ」と「かなしみ」

I 「もてなし」と「やさしさ」

「もてなし」について

見返りを求めずに相手を遇する

二〇二〇年東京オリンピック招致の基本コンセプトのひとつは、「もてなし」の心であった。それはＩＯＣ総会で、「先祖代々受け継がれながら、現代の日本の文化にも深く根付いている」ものとして紹介された（滝川クリステルさんのプレゼンテーション）。日本文化には、外部からやってきた人々を神にも等しい存在としてもてなすという「まれびと」信仰（折口信夫《おりくちしのぶ》）もある。まずは、こうした「もてなし」の心について考えてみよう。

「もてなす」という言葉は、辞書では、こう説明されている。

もてなす

①御馳走を出したりなどして、心をこめて客を接待する。②人を取り扱う。待遇する。③うまくとりなす。④そうであるかのようにみせかける。外見・態度をとりつくろう。⑤取りあげてあれこれと問題にする。もてはやす。

（『大辞林』）

現代語としては、もっぱら、①②の意味で、「客をもてなす」「手料理でもてなす」「丁重にもてなす」等々と用いられている。③④⑤は古語での用法で、すこし異なるニュアンスであるが、ともあれ基本は、心をこめ積極的に相手を接待・待遇するということである。『岩波古語辞典』では、「もてなす」の原意を、「モテは接頭語。相手の状態をそのままに大切に保ちながら、それに対して意図的に働きかけて処置する意」と説明している。

わかりやすい具体例に即して考えてみよう。

謡曲「鉢《はち》の木」を取り上げよう。「鉢の木」は、概略、こういう話である。

――ある大雪の夕暮れ、下野国《しもつけのくに》のはずれにあるあばら家に、旅の僧が現れて一夜の宿を乞う。主《あるじ》の武士の佐野は、貧しさゆえいったんは断るが、思い直して追いかけ招き入れ、なけなしの粟飯などをふるまう。やがていろりの薪も尽き、火が消えかかったとき、佐野は、捨てがたくとどめおいていた鉢の木（盆栽）を燃やし暖をとって「もてなす」。

（木が好きでたくさん持っていたが、それもみんな人にやってしまったが）さりながら、今も梅桜松を持ちて候。あの雪もちたる木にて候。某《それがし》が秘蔵にて候へども、今夜《こよい》のおもてなしに、これを火に焚《た》きあて申さうずるにて候。

そして、かように零落しはてた身ではあるが、鎧《よろい》と薙刀《なぎなた》と馬だけは残してあり、いったん鎌倉より召集があれば、いち早く駆けつけ、命がけで戦うつもりだと、秘めた決意を語る。

年が明け、突然鎌倉から招集のお触れが出たので、さっそく駆けつけると、前執権・北条時頼《ほうじょうときより》の御前に呼び出される。実は、かの日の僧が時頼であり、佐野は、失った領地も取り戻し、あらたに恩賞の土地も賜り、故郷に錦を飾ることができた。

落ちぶれても鎌倉武士の義理・矜持を失わずに、まさに「いざ鎌倉」を実証したことが、時頼の諸国遊行伝説とたくみに重ねられ、その意外性に富んだストーリーが日本人の好みにも合ったことから、能だけでなく、浄瑠璃・歌舞伎、さらには大正期の尋常小学校国語読本にも取り入れられ、多くの日本人に読み継がれてきたものである。

そうした武士の義理・矜持とその幸運な結末を引きだすふるまいのポイントになっているのが、秘蔵の鉢の木を燃やすという「もてなし」である。この「もてなし」の肝心なところは、相手の僧が時頼とは知らずに、つまり、何らの見返りを求めずに、その場、その客に対してなされたという点であろう。行き暮れて困っている相手の状況を優先しながら、すなわち、「相手の状態をそのままに大切に保ちながら、それに対して意図的に働きかけて処置」したのである。その結果、「もてなし」を受けた客としての僧は神のごときものとして、もてなした主に幸福をもたらしたのである。

「もてなし」と「押しつけ」

太宰治《だざいおさむ》『津軽』の一節に、こうある。

……友あり遠方より来た場合には、どうしたらいいかわからなくなってしまうのである。ただ胸がわくわくして意味もなく右往左往し、そうして電燈に頭をぶつけて電燈の笠を割ったりなどした経験さえ私にはある。食事中に珍客があらわれた場合に、私はすぐに箸を投げ出し、口をもぐもぐさせながら玄関に出るので、かえってお客に顔をしかめられる事がある。お客を待たせて、心静かに食事をつづけるなどという芸当は私にはできないのである。

心をこめて懸命に相手を接待しようとする「もてなし」の精神は、太宰の生涯を通しての、いわば性癖に近い倫理でもあり、その文学の大事なテーマでもあった。

『饗応夫人《きょうおう》』は、どんなに傍若無人にふるまう人にでも、病身をも顧みず、献身的・自己犠牲的にお客を饗応しようとする教授夫人を主人公とする。教授夫人は、なぜみずからの体をいたわらず、そこまでして、という問いに、「ごめんなさいね。私には、できないの。みんな不仕合《ふしあわ》せなお方ばかりなのでしょう？　私の家へ遊びに来るのが、たった一つの楽しみなのでしょう」と答えている。どうしてもそうもてなさざるをえないのが、彼女の「やさしさ」なのであり、太宰その人の「やさしさ」なのである。それは太宰においては、人間なるものの尊さの証しでもあり、「（日本）文化の本質」でもあると捉えられている（「河盛好蔵宛書簡」）。

「やさしさ」については、もうすこし注釈が必要であり後でもふれるが、こうした〝心をこめて懸命に〟といった「もてなし」は、ややもすれば、過剰で押しつけがましいものと受けとられてしまう可能性がある。

到れりつくせりの心づかいをして、そうして何やらかやら、家中のもの一切合切持ち出して饗応しても、ただ、お客に閉口させるだけの結果になって、かえって後でそのお客に自分の非礼をお詫びしなければならぬなどという事になるのである。

（『津軽』）

こうした反省や自意識のあり方もまた、太宰文学の隠れたテーマでもあるが、日本人の「もてなし」という問題を考えるには、ある意味、本質的なところでつきまとう問題でもある。

さりげなく、わざとらしくなく

俳人の長谷川櫂《かい》さんが、「もてなしの極意」として、こういうことを言っている（ＮＨＫ「視点・論点」二〇一六年九月。取意）。

最近の「おもてなし」ブームには、「ちょっとした違和感」を覚えている。「もてなし」という言葉には「極意」があるのであって、それは、もてなす側が「これがおもてなしですよ」と口にしてはならないということである。もてなす側がそう口にしたとたん「もてなし」でなくなる。押しつけがましくなり、これ見よがしの表面だけのものになり、品がなくなる。日本文化には、こうした目にはみえない「極意」があるのであるが、最近のブームにはそこがすっかり抜け落ちてしまっているのではないか。

そして長谷川さんは、日本の「もてなしの文化」と深い関わりのある茶道の千利休《せんのりきゅう》についてこういう逸話を引いている。

――あるとき、利休が前ぶれもなく、知り合いの茶人の家に立ち寄る。亭主はこの「不意の客」を喜んで迎え、まず庭の柚子を捥《も》いで柚子味噌にしてもてなす。そこでやめておけばよかったのに、この茶人は酒を出してから、頂き物だといって蒲鉾を出す。すると、それまで上機嫌だった利休はこれを見て、興ざめして酒の途中で帰ってしまったという（『茶話指月集《ちやわしげつ》』）。

なぜ利休は興ざめしたのか。蒲鉾は当時はたいへん贅沢な食べ物であり、この茶人がその日、利休がここに立ち寄ることを誰からか聞いて、わざわざ取り寄せたものだということに気づいたからである。客を「もてなす」にはあり合わせの柚子で十分であり、あくまでも、さりげなく、おくゆかしくなされるものだというのが、利休の考える「もてなし」の精神だったということである。

ほかのところで利休は、茶の場においては、「いかにも互いの心にかなうがよし。しかれども、かないたがるは悪《あ》しし（いかにもおたがいの心にかなうのがよいことだが、しかし、だからといってかなうように迎合するのはよくない）」とも言っている（『南方録《なんぽうろく》』）。

あるいは、「おのづから、感を催すやうなる所作（おのずから興を催すような所作）」がよし、とも言っている（同）が、要は、どこまでも「おのずから」に、さりげなく、わざとらしくないような所作で「もてなせ」ということである。

わざとらしくなくとは

しかし、かといって、その「おのずから」は、何もせずにただ自然にまかせて、ということでは、むろん、ない。あらためて確認するまでもなく、茶道とは、徹底した作法、細心の気配り、ぬかりない準備のもとに営まれる場である。さりげなく、わざとらしくない「おのずから」とは、十全・万全の「みずから」の努力ぬきにはありえない。

そもそも、「もてなす」の「もて」という接頭語は、「「意識して…する」「心で大切にして…する」の意」であり、「なす」とは、自動詞ナル（成る・生る）の他動詞形で「これまでにはなかったものを、人為的に力を加え、積極的に働きかけることによって存在させること」である（『角川古典基礎語辞典』）。

つまり、「もて-なす」とは、基本的に主体の「みずから」の意識・意図・情熱・志向・工夫・配慮……といった営みが大前提のふるまいなのである。「わざとらしくなく」とは、いわば、幾重もの「わざと」によって成り立っている（次項「「わざ」について」参照）。最初に見た『大辞林』の語義の、③とりなす、④みせかける、⑤もてはやす、は、そのことを表している。

サービスの語源は、ラテン語 servus で、英語の servant（召使い）、slave（奴隷）もそこから派生している。つまり、サービスとは、（主従関係に類する関係に基づいて）決められたものとして提供されるのであるが、「もてなし」は、どこまでも「もてなす」側が、自発的に、意識し、工夫し、配慮することによってなされるものだということである。

太宰において、「（日本）文化の本質」とも見なされた「やさし」とは、もともと「痩せ」と同じところから出た言葉であり、「(人人の見る目が気にかかって)身もやせ細る思いがする」というのが原義である(『岩波古語辞典』)。そこには、見られるということが前提の、ある種の演技性・作為性がふくまれている。「優しい」の「優」という漢字は「演技する者」の意味である(俳優の優)。

相手に対して、演じてでもそうしたい、してあげたいと思うことがある。「嘘」をふくみ呑《の》んでこそ、人を大切にすることができることがある。紙一重で押しつけ・おせっかいになりそうなところで、せつなく「嘘」や「道化」を繊細に演じ続けた太宰治の文学や人となりには、そうした「やさしさ」が満ちあふれている。

「おもてなし」もまた、まぎれもなく、そうした「やさしさ」の倫理の所産であろう。

「わざ」について

「人間のわざ」「神のわざ」

「わざ」という言葉は、万葉の昔から現代にいたるまで、頻繁に使われてきた。「わざを磨く」「わざを競う」「伝統のわざ」など、武道や芸能などの習練で身につけた技術や技法を指す用法や、「神わざ」「仕わざ」「物書きを業《わざ》とする」など、より一般的な行為・所業・仕事を指す用法など、多義的である。「わざと」「わざわざ」などという形容語もある。こうした「わざ」ということについて考えてみよう。

漢字では、技あるいは業という字が多く使われてきた。「わざを磨く」「わざを競う」など、武道や芸能、あるいは日常生活で、ある物事を行うための一定の方法や手段・技術を意味する「わざ」には「技」という漢字が当てられ、「神わざ」「仕わざ」など、一般的な行為・所業を意味する「わざ」には「業」という漢字が当てられてきている。

が、たとえば、「寝わざ」「荒わざ」「匠《たくみ》のわざ」など、技とも業とも両方使う場合も多い。「わざ」という同じ訓を持つ漢字として共通するものがあるということであるが、「わざ」というやまと言葉には、「ある意図をもって何かを行うこと」(『明鏡国語辞典』)、「深い意味や、重大な意図をもつ行為や行事」(『日本国語大辞典』)といった言葉の基本枠がある。

そして、たとえば、『明鏡国語辞典』で、その「ある意図をもって何かを行うこと」という語義に、「神のなせるわざ」「至難のわざ」「人間わざ」という用例が挙げられているように、その〝意図〟の出所が、神のものであるのか、人間のものであるのか、そのあたりの微妙なところに、この言葉の含蓄がある。

一方で、人為として「わざを磨く」「わざを競う」などと使われるが、もう一方では、人為を超えた「神のなせるわざ」「神わざ」などと使われる。「至難のわざ」「離れわざ」などという使われ方もある。つまり、「わざ」という言葉には、「人間わざ」とともに、それを超えた「神わざ」のようなものが含意されているということである(「人間わざ」という言葉は、ふつう「人間わざではない」と使われる)。

「隠された神意」

『徒然草《つれづれぐさ》』に、こういう文章がある。

亡き人のくる夜とて魂《たま》祭るわざは、このごろ都にはなきを、東のかたには、なほする事にてありしこそ、あはれなりしか。(一九段)

——亡くなった人の来る夜であると、魂を祭る行事は、もう都ではなくなってしまったが、東国ではいまだ行うことがあるというのは興味深いことだ。

この「わざ」は、人間の営むことであるが、「魂祭る」という、通常の人事を超えたものとしての神事・仏事などの行事を意味している。「安祥寺にて御《み》わざしけり」（『伊勢物語』）の「御わざ」とは、法要・法事のことである。

『岩波古語辞典』では、「わざ」という言葉の由来が、こう説明されている。

> こめられている神意をいうのが原義。ワザハヒ（災）・ワザヲキ（俳優）のワザ

「わざ」は、「ワザハヒ（災）・ワザヲキ（俳優）のワザ」と同根だというのである。今はあまり使われていないが、俳優・役者を意味する「ワザヲキ」とは、「ワザ（業）ヲキ（招）が原義」「神意をうかがい寄せるために、神前で種種の芸をすること、また、その人」（『岩波古語辞典』）の意味である。つまり、俳優とは、単に演技をする者ではなく、本来、神意をうかがい、それを招き寄せる役割をする者のことであった。

たとえば、「天鈿女命《あまのうずめのみこと》、……天の石窟戸《いわやと》の前に立たして、巧みに俳優《わざをき》す」（『日本書紀』）とは、天鈿女命が、隠れてしまった天照大神《あまてらすおおみかみ》の神意を宥《なだ》めもてなそうとして、天の岩窟戸の前に立って、巧みに神楽《かぐら》を演じたという意味である。

また、「ワザハヒ」とは、「ワザは隠された神意の意。ハヒはサキハヒ（幸）、ニギハヒ（賑）のハヒに同じ」（『岩波古語辞典』）ということで、隠された神意の表れとしての災難で、ハヒは、幸いや賑

わいの「わい」と同じで、物事が広まっていく様子を示す言葉と説明されている。
たとえば、「災異《あめのわざわい》、人を悟《さと》す所以《ゆえ》なり。まさに是《こ》れ、明天《あめ》の告《つ》げし戒《いましめ》にありて、先霊《さきのみたま》の徴表《しるし》なり」（『日本書紀』）とは、「災異（天のわざわい）」は、天が人間に何ごとをか悟らせ知らしめる戒めであり、徴表だというのである。古代人は、天災を何らかの「隠された神意」の戒め・表れと見たということである。

天、神々、あるいは、諸霊は、人々の目には見えない存在・働きである。時として、その不可思議な力で祟り、災厄をもたらす。災厄に見舞われたとき、人々は祭祀を行い、その「隠された神意」をうかがい、それに従い、その荒ぶる強大な力を和《やわ》らげようとしたのである（荒ぶる強大な力は、同時に、人々を守り恵みをもたらす力でもあると信じられていた）。

人為と自然の「あわい」

武道・芸能などの技能・技術を意味する「わざ」にも、「隠された神意」の表れといったような含意がある。もともと人為の「みずから」の習練において獲得されるべき「わざ」は、それが「おのずから」に発揮・発現されるようになって完成に近づくものと考えられている。「神わざ」「匠のわざ」とは、そうしたものの謂いである。

そのことは、九鬼周造《くきしゅうぞう》が、同じように習練（修練）を求められる道徳についてこう述べていたのと、そう異なるものではない。

日本の道徳の理想にはおのづからな自然といふことが大きい意味を有《も》つてゐる。殊更《ことさら》らしいことを嫌つておのづからなところを尊ぶのである。自然なところまで行かなければ道徳が完成したとは見られない。

（「日本的性格」）

「ならふ」とは、「ナラはナラシ（平・馴）と同根。物事に繰返しよく接する意」であり、「まなぶ」とは、「マネ（真似）と同根。……教えられる通りまねて、習得する意」である（『岩波古語辞典』）。稽古とは、もともと「古」を「稽《かん》える」ことで、「古」の達人の（神意のようなものをふまえた）あるべき理想型に近づこうと習練することである。

くりかえし「みずから」習い、学び、考えることによって、「おのずから」の「自然なところまで行かなければ」〝わざ〟が「完成したとは見られない」。この意味で、「わざ」とは、「おのずから」と「みずから」の「あわい（あいだ）」にあるという言い方もできるだろう。

「わざと」「わざとらしくなく」

以上のような「わざ」という言葉の微妙なあり方は、「わざと」「わざわざ」といった言葉の使い方にもうかがうことができる。たとえば、こういう使い方。

わざとならぬ匂ひ、しめやかにうち薫りて、忍びたる気配、いとものあはれなり。

（『徒然草』三二段）

――わざわざ焚いたとも思われない香のかおりが、しっとりと薫って、忍んで住んでいるらしい気配がまことに趣深かった。

むろん、その香りは「わざわざ」焚いたものである。そうでありながら、しめやかに「わざとらしくなく」薫っているところが評価されているのである。意図的な「わざと」は、それが見えてしまうと、不快な押しつけがましさになってしまう。

前項「「もてなし」について」で、利休『南方録』の、茶の「もてなし」は、「おのづから、感を催すやうなる所作」がよい、といった考え方を紹介した。茶道とは、徹底した作法、細心の気配り、ぬかりない準備のもとに営まれるものであり、さりげなく、わざとらしくない「おのずから」とは、そうした「みずから」の意図・努力ぬきにはありえない。述べたように、「わざとらしくなく」とは、いわば、幾重もの「わざと」(「わざ」の稽古)によって成り立っているのである。

ことはかならずしも同じではないが、ふだん使う「わざわざ」という言葉においても、時としてそのニュアンスが難しくなることがある。たとえば、「わざわざ来てもらった」と言うときの「わざわざ」は、「とくにこのためだけに」という感謝の意味なのか、「しなくともいいことをことさらに」という迷惑の意味なのか、かならずしも判然としないところがある。よくよく注意して使わないと誤解されることもある言葉であろう。

太宰治『人間失格』の「わざわざ」

「わざわざ」については、太宰治『人間失格』に、こういう印象的な場面がある。

……自分は、わざと出来るだけ厳粛な顔をして、鉄棒めがけて、えいっと叫んで飛び、そのまま幅飛びのように前方へ飛んでしまって、砂地にドスンと尻餅《しりもち》をつきました。すべて、計画的な失敗でした。果《はた》して皆の大笑いになり、自分も苦笑しながら起き上ってズボンの砂を払っていると、いつそこへ来ていたのか、竹一《たけいち》が自分の背中をつつき、低い声でこう囁きました。

「ワザ。ワザ」

自分は震撼しました。ワザと失敗したという事を、人もあろうに、竹一に見破られるとは全く思いも掛けない事でした。自分は、世界が一瞬にして地獄の業火《ごうか》に包まれて燃え上るのを眼前に見るような心地がして、わあっ！　と叫んで発狂しそうな気配を必死の力で抑えました。

「ワザと失敗し」て皆の笑いをかっていた主人公が、「白痴《はくち》に似た生徒」である級友から「ワザ。ワザ」と指摘されて「震撼」したというのである。発狂しそうになったとは、いささか大仰に見えるが、「お道化《どけ》を演じて」でも皆に受けようとしていた主人公には、その「秘められた意図」を見破られることは、「地獄の業火」にも包まれる心地がしたということである。意図の露顕は、致命的な失態であった。

前項でも見たように、太宰は、嘘・偽善をふくみ呑みながら、なお相手や場への「もてなし」を優先させようとしたのである。時に客を神と受けとめる日本人の「客人神《まろうどがみ》」信仰において、「もてなし」とは、言葉本来の意味で「わざ」なのである。

「たしなみ」について

「お酒はたしなむ程度です」

「たしなみ」「たしなむ」という言葉は、ニュアンスに微妙な幅のある、すこし不思議なやまと言葉である。「お酒をたしなむ」は「好んで親しむ」の意であるが、「武道をたしなむ」には、好んで親しみながら、「一定の心得、覚えがある」の意もふくまれている。また、「我が身をたしなむ」は、「つつしみ、用心する」の意であり、「紳士のたしなみ」「身だしなみ」とも使う。さらにはそこから、忠告する意味の「たしなめる」という言葉も派生している。こうした「たしなみ」「たしなむ」ということについて考えてみよう。

「お酒は召《め》し上がりますか？」と尋ねられて、「たしなむ程度です」と答えたとすると、酒は飲むが、ほどほどに飲む、そこそこに飲むという意味である。「たしなむ」には「程度です」とつけなくとも、もともとそうしたニュアンスがふくまれている。

「ほどほどに」とは、適度に、あるいは、場や雰囲気を楽しむ程度に、といった意味合いである。また「そこそこに」も、適度に、の意味であるが、さらには、一定の容量、力量があるといった意味合いをもっており、「そこそこ（十分ではないが一応満足できる程度には）飲める」という意味でもある。

いずれの言い方にも、ある種の抑制・つつしみのようなものが働いている（「そこそこ飲める」は、そうとうに飲めるということを控えめに表現した場合が多い）が、それは、「たしなむ」という言葉の本来の含意である。

「たしなむ」という言葉は、辞書では、こう説明されている。

たしなむ
①このんで親しむ。愛好する。②このんでそのことに励んでいる。芸事などの心得がある。③つつしむ。気をつける。用心する。④前もって用意しておく。心掛ける。⑤見苦しくないように整える。
（『大辞泉』）

①「好んで親しむ」、②「好んでそのことに励んでいる」は、対象に好んで関わり、「親しみ」、あるいは「励む」ことである。これらはいずれも、みずからの欲求・欲望を表している。

「嗜《たしな》む」と訓ぜられる漢字「嗜」は、「老《としより》に旨《うまい》の会意文字で、長く年がたって深い味のついた意を含む。……嗜は「口＋者」で、深い味のごちそうを長い間口で味わうこと」の意である（『漢字源』）。まさに、嗜好《しこう》品というときの「嗜」の意味である。「たしなむ」の基本には、まずはこうしたみずから好むという欲求・欲望が前提とされている。

が、③「つつしむ」、④「心掛ける」は、欲求とは逆に、みずからをつつしむこと、節制・用心という意味である。⑤「見苦しくないように整える」も、その延長に出てくる。「新入社員のたしなみ」

「身だしなみ」とは、この用法である。また、ここには載せられていないが、下二段活用動詞「たしなむ」（現代語では「たしなめる」）では、それらが他人に向かい、「つつしめ、用心せよ」と忠告するときに使う言葉である。

このように、「たしなむ」という言葉には、欲求と節制（エロスとモラル）という、ほぼ逆向きの意味内容が一語に込められているところに、その特徴がある。欲求と節制はたがいに別事としてあるのではない。たがいがたがいのあり方を規定し合って、それぞれの意味をつくっている。

つまり、①②の欲求・欲望は、手放しの好みの追求ではなく抑制のきいたものであるし、③④⑤の抑制・節制も、好んで親しみながらの、ほどよいつつしみという語感をもっているのである。こうした、欲求と節制の、まさにほどよい加減なところに、この「たしなむ」という言葉の微妙で不思議な味わいがある。

欲求と節制のほどよい加減

「たしなむ」という言葉の、欲求と節制のほどよい加減は、たとえば、②の「芸事などの心得がある」のその対象が、「お茶をたしなむ」「長唄をたしなむ」「書をたしなむ」といったような一定の品や格のある趣味や習い事に限定されているところにも示されている。「パチンコをたしなむ」「花札をたしなむ」とは言わない。「たしなむ」のは、それらを好んで楽しみながらも、おのずと節制のきいた「たしなみ」が身につくもののようなものとして営まれるのである。

「酒をたしなむ」のも、そのような飲み方のかぎりであって、浴びるほど飲んだり、酒乱になったりするのは、それこそ「たしなみ」がない飲み方になってしまう。また、対象が高尚なものであっても、それを一心不乱に、まなじりを決して努めたり励んだりするというのは、「たしなむ」という語感にそぐわない。

つまり、「たしなむ」の励む・努めるは、無理して、我慢しての、いわゆる刻苦勉励の意味ではない。そのこと自体を「好みながら励む」ところに、あるいは、「励みながら好む」ところに、この言葉の独特の語感があるのである。だからこそ長続きもするし、またおのずと一定の上達もするのである（「好きこそ物の上手なれ」）。

『日本国語大辞典』の「たしなむ」では、語義の最初に①として、「常日ごろからある芸事に親しんでいて、ある程度の水準にまで達している」と説明され、語例として、『徒然草』から、以下の文章を引いている。

天性《てんせい》、その骨《こつ》無けれども、道に泥《なづ》まず、妄《みだ》りにせずして年を送れば、堪能《かんのう》の嗜《たしな》まざるよりは、終《つひ》に上手《じやうず》の位に至り、徳長《た》け、人に許されて、双《ならび》無なき名を得る事なり。（一五〇段）

――天性の素質などなくても、難渋せず、また自分勝手なやり方をせずに年月を送っていけば、器用で天性の才能に恵まれていながら、たしなまない人よりも、ついに技芸が上手な域に達して、人徳も高まり人から認められるようになり、ならびなき名声を得ることにもなる。

ここで「たしなむ」とは、「泥まず、妄りにせずして年を送」ることである。「泥む」とは、「ひとつのことにとらわれて悩む。こだわる」ことであり（『岩波古語辞典』）、「妄りに」とは、むやみやたらに、自己流に、わがまま勝手に、ということである。そのようなことなく「年を送る」ことができるような関わり方が、「たしなむ」ということなのである。

『徒然草』では、くりかえし、「むさぼり」「あからめもせず（わきめ脇目もふらず）」「ひとへに好ける（一途に執着する）」「色濃く興ずる」ことが否定され、「そこはかとなく」「さりげなく」「入りたたぬ（つかりこまない）さまにて」、対象にほどよく関わることが称揚されているが、「たしなむ」とは、まさにそうした美学に合致する姿勢でもある。

「たしなみ」のある人

『徒然草』のいう「よき人」とは、たとえば、こういう人のことである。

雪が趣《おもむ》きあるさまに降った日に、ある人に手紙をやったが、その雪のことには何もふれなかったところ、その返事に、「この雪をどう御覧になったかと一筆もお書きにならないような方のおっしゃることなんか聞き入れられません。返す返すも残念なお心ですね」と言われた、という今は亡き女性（三一段）。彼女の見せた「たしなみ」を懐かしく思い起こして書いている。

あるいは、客が帰ったとき、玄関の戸をすぐにピシャリと閉めてしまうのではなく、しばし月見る様子で客が遠ざかってから閉めた主《あるじ》の女性（三二段）。「かやうの事は、ただ朝夕の心遣《こころづか》ひに因《よ》るべし」。こうした「たしなみ」は、日頃の心遣いによるもので、一朝一夕の付け焼き刃で身につくふるまいではないのであろう、とも言っている。

「たしなみ」のある人というと、向田邦子《むこうだくにこ》の「お辞儀《じぎ》」という小品の、次のような一節を思い起こす。留守番電話に残された間違い電話のメッセージに関するものである。


十年間に間違い電話を含めてユニークなものも多かったが、私が一番好きなのは初老と思われる婦人からの声であった。

「名前を名乗る程の者ではございません」

品のいい物静かな声が、恐縮し切った調子でつづく。

「どうも私、間違って掛けてしまったようでございますが。――こういう場合、どうしたらよろしいんでございましょうか」

小さな溜息と間があって、

「失礼致しました。ごめん下さいませ」

静かに受話器を置く音が入っていた。

たしなみというのはこういうことかと思った。この人の姿かたちや着ている物、どういう家庭であろうかと電話の向うの人をあれこれ想像してみたりした。お辞儀の綺麗な人に違いないと思った。


「たしなみ」とは、ただ厳格・律儀に作法を守ってふるまうことではない。人は時に見知らぬ場面に遭遇してオロオロすることもあるが、そのオロオロとした仕方にも、おのずとその人柄や品位をうかがわせるような、ゆかしくチャーミングな仕草として「たしなみ」は顕れてくる。けっして型どおりではないが、しかし、きっと「お辞儀の綺麗な人に違いない」と思わせるような仕方で。

「たしなむ心は他力なり」

『蓮如上人御一代記聞書《れんにょしょうにんごいちだいききがき》』に、「たしなむ心は他力なり」という、こういう印象的な文章がある。

実如《じつにょ》上人、さいさい仰《おお》せられ候ふ。仏法のこと、わがこころにまかせずたしなめと御掟《おんおきて》なり。こころにまかせては、さてなり。すなはち、こころにまかせずたしなむ心は他力なり。

――実如上人（蓮如の子、本願寺九代目門主）がたびたび仰せられた。「仏法のことは、自分の心にまかせておくのではなくたしなみなさい」と蓮如上人は示された、と。自分の心にまかせていては駄《だ》目《め》である。自分の心にまかせずにたしなむ心は他力の働きによるのである。

ここで「たしなむ」とは、「わがこころにまかせずたしな」むことだと強調されている。仏法や念仏は、勝手気ままな「わがこころにまかせて」習い行われるべきものではなく、阿弥陀仏の他力の働きにおいて習い行われるべきものである、と。

晩年の親鸞《しんらん》が言い切っているように、阿弥陀仏の他力の働きとは、自然（「おのずから」）の働きのことである。つまり、仏法や念仏は、「みずから」励むものでありながら、根本的には、「おのずから」に励まされてするものでもあるということである。

仏法・念仏だけの問題でなく「たしなむ」こと一般において、「みずから」好み励みながらも、「泥まず、妄りにせずして」続けうるには、その芸や場などのうちに働く「おのずから」の働きがかならず大いに関わっている。「好んで親しむ」うちに、いつの間にか身についた「たしなみ」とは、つねにそうした「おのずから」の働きの所産なのでもある。実如は、その働きを阿弥陀如来の他力だと理解したのである。

「つつしみ」について

心をひきしめ、かしこまること

「立ち飲みは不謹慎だ」という言い方がある。「謹慎」とは「つつしみ」であり、「暴飲暴食をつつしむ」「言行をつつしむ」といった、その「つつしみを忘れた行為」を責めているのである。かと思うと、「つつしんでお喜び申し上げます」という言い方もする。このような「つつしむ」という言葉は、われわれにとっては当たり前の日常語であるが、これにぴったりの外国語はない。こうした「つつしみ」ということについて考えてみよう。

萩原朔太郎《はぎわらさくたろう》の短編『猫町《ねこまち》』に、こういう一節がある。

男も女も、皆上品で慎み深く、典雅でおっとりとした様子をしていた。特に女は美しく、淑《しと》やかな上にコケチッシュであった。店で買物をしている人たちも、往来で立話をしている人たちも、皆が行儀よく、諧調《かいちょう》のとれた低い静かな声で話をしていた。

裏日本のどこかにあるという、「幻燈の幕に映った、影絵の町」のような情景である。当地に古くから言い伝えられているという「猫の精霊ばかりの住んでる町」の幻想であるが、不思議なあやしさとともに、何とも「古雅で奥床し」い懐かしさがたたえられている。

その懐かしさの中身は、「上品」「慎み深く」「典雅」「おっとり」「淑やか」「コケチッシュ」「行儀よく」「諧調のとれた」「低い静かな」といった形容の積み重ねによって成り立っている。こうした一連の、ある傾向を帯びたあり方は、日本文化の基本の一側面として、ずっと受け継がれてきたところのものでもあろう（後述）。「慎み深い」「つつしむ」とは、そうしたあり方の核になる言葉であり、今でもふつうに、「慎み深くふるまう」「つつしみを忘れないで」などと使われている。

「つつしむ」は、『日本国語大辞典』では、次のように説明されている。

つつしむ
①あやまちをおかさないように気をつける。心をひきしめ、ひかえめな態度をとる。大事をとる。自重する。②神や尊いものに対して、うやまいの心をもって尊ぶ。うやうやしくかしこまった態度をとる。尊んでつき従う。③物忌みをする。斎戒する。

①も②も、みずからの心をひきしめ、かしこまることで、③は、その具体事例としての特定のあり方である。いずれも、みずからが人や事に当たるにおいて、心を緊粛させ用心することであるが、①はそれが、自分自身の顧慮において行われるのに対して、②は「神や尊いもの」に対して、敬い尊ぶことにおいて行われるというところに力点の違いがある。

①に漢字を当てれば、「慎む」(慎重)であり、②は「謹む」(恭謹)である。「つつしんで～いたします」は、後者の用例で、事態・対象を敬い尊ぶことにおいて、かしこまり、心をひきしめて何事かをなす「つつしむ」である。

「独りを慎む」

①のみずからの「心をひきしめ、ひかえめな態度をとる」は、しかし、②の「神や尊いものに対してかしこまる」と、むろん、まったく無関係ということではない。

向田邦子に「独《ひと》りを慎む」というエッセイがある(『男《お》どき女《め》どき』)。

——向田が実家を出て一人で暮らすようになった時、嬉しかったけれど、やがて、ドキンとすることにぶつかったという。急激に行儀が悪くなっており、ソーセージをいためてフライパンの中から食べるようになったし、小鍋で煮たひとり分の煮物を鍋のまま食卓に出して、小丼にとりわけず箸をつけるようになっていた。

向田は、「これは、お行儀だけのことではない……精神の問題だ」と考える。——「自由は、いいものです。ひとりで暮らすのは、すばらしいものです。でも、とても恐ろしい、目に見えない落し穴がポッカリと口をあけています。それは行儀の悪さと自堕落です」、と。

「独りを慎む」。このことばを知ったのは、その頃でした。言葉としては、前から知っていたのですが、自分が転《こ》がりかけた石だったので、はじめて知ったことばのように、心に沁みたのでしょう。誰が見ていなくても、独りでいても、慎しむべきものは慎しまなくてはいけないのです。……闇の中でひとり顔をあからめる気持を失《な》くしたら、どんなにいいドレスを着て教養があっても、人間としては失格でしょう。

「独りを慎む」という言葉の出典は、『礼記《らいき》』の「君子は独りを慎む」である。「君子は他人が見ていない所でもその行いを慎む」という意味であるが、その「慎み」は、①対・自己、の目線のものであると同時に、②対・神仏といった敬い尊ぶべき何ものか、の目線におけるものでもある。「恥」にもまた、他人の目線だけでない、自己自身に対して恥じるということ、また、その先にあるものとして、「神や尊いもの」の目線を恥じるということがあるのと同様である。

私が出家した時、今東光《こんとうこう》師が「一人を慎みなさい」とおっしゃいました。一人でいる時も仏様がちゃんと見ているし、いつでも仏様と一緒だと思いなさいということです。

（瀬戸内寂聴「今日を生きるための言葉」）

畏敬としての「つつしみ」

『礼記』は儒教の経典で、「慎み」はその教えの一つである。日本においても、とくに江戸近世の朱子学において「慎み」は、中心理念として説かれていた。

朱子学を幕藩体制をささえる学問として主導した林羅山《はやしらざん》は、ものごとにはすべて「上下定分《じょうげていぶん》の理」があると説く。天地自然に上下高低の理があるように、この世にも上下や分の定まった理があるという。そして、そうした理が具体的に現れたものが「礼儀法度《れいぎはっと》」であるから、人はすべからくその礼秩序に従わなくてはならない。その、従うあり方が「つつしみ」だというのである。

朱子学では、そのことは、主に「敬《けい》」という字によって説かれている。「敬」とは、基本的に「つつしむ」ということであり、心の中に私利私欲がすこしでもあることをいましめ、つねに理と一つであることを求めるきびしい心のあり方である（『羅山林先生文集』）。人格を高貴に保とうとするこのようなきびしさは、武士たちに深い共感をもって受け入れられていた。

『養生訓《ようじょうくん》』で有名な貝原益軒《かいばらえきけん》は、こう述べている。

つねに天道をおそれて、つつしみしたがひ、人慾を畏《おそ》れてつつしみ忍ぶにあり。これ畏るるは、慎しみにおもむく初《はじめ》なり。畏るれば、つつしみ生ず。畏れざれば、つつしみなし。（『養生訓』）

――いつも天道を畏れ、慎んでしたがい、人間の欲望を畏れ、慎んで我慢することである。というのは、畏れることは慎みに向かう出発点だからである。畏れるところから慎みの心が生まれる。畏れないと慎みもないのである。

天地自然の道を「畏れ慎んでしたがう」ことにこそ、われわれの生き方の基本があるというのである。益軒もまた、「畏れ慎んでしたがう」ことを「敬」の字に当てて考えようとしている。天地・万物・他者を「敬い尊ぶ」こと――「つつしむ」こと――から、人間本来の元気・楽しみ・長寿といった養生論を説き起こしているのである。

「つつしみ」の心は自然の法則に合致する

分子生物学者の村上和雄氏は『生命の暗号』で、「つつしみ」は自然の法則だと説いている。たとえば、今のバイオ技術においては、水耕栽培で、一本の苗から一万数千個もの実をつけたトマトを作ることができるが、自然に育っているトマトには、そのようなことが起きない。なぜか。

それは、水耕栽培では、本来あるべきはずの土がないからだという。植物が育つのに、土は水や太陽と同じくらい重要であるが、しかし一方で、土は阻害因子でもあるという。自然界はある環境のもとでは、おのずと適正な規模の数量というものを決めているということでもあり、それが「つつしみ」の問題だというのである。

あるいは、たとえばある種の毒蛾《どくが》の場合、産卵を終えるとじっとして、わざと外敵に食べられる機会を増やす。わざと食べられて「まずい」ことを覚えさせることで、若い蛾が襲われる機会を減らす努力をしているのだという。蛾の親たちは自分がまだ生きられるのに、自分の生命を「つつしんで」いるのである。

彼らはほかに方法がないからそうしているので、人間が同じまねをする必要はないが、そこに現われた自然の法則に忠実な生き方には、目を向ける必要があるように思います。そうでなければ人間の未来はけっして明るいものではなくなる。どうがんばってみても、私たちは自然の法則を乗り越えることはできないからです。また、人間は知らず知らずのうちに傲慢になります。本当の「つつしみ」はサムシング・グレートの存在とそのはたらきを知ることによって生まれると思っています。

（『生命の暗号』）

「サムシング・グレート」には、村上氏の独自な意味合いが込められているが、自然の「おのずから」という、不思議で偉大な、畏敬すべき存在とその働きのことである。

「つつしみ」の美学

さて、やまと言葉「つつしむ」の語源は、「ツツはツツム（包む）と同根で、ある物を別の物ですっぽりくるむ意。シムはシム（凍む）・シム（締む）と同根で、かたく縮める意」（『角川古典基礎語辞典』）と説明されている。

包む・締めると同じ根から出た言葉だということであるが、包む・締めるとは、一方的にみずからを遮蔽・後退させることではない。それは同時に、そうすることによって、むしろ秘めやかな何ものかを表出する営みでもある。

「秘すれば花なり。秘せずは花なるべからず（美は秘めるところにこそある。あらわにしてしまうと美は失われてしまう）」という世阿弥《ぜあみ》の言葉は、その発想から語られている。「幽玄」とは、言葉ではっきり言ってしまわないところにある余情であり、姿にくっきりと見せてしまわない気分・雰囲気のことである（鴨長明《かものちょうめい》『無名抄《むみょうしょう》』）。また、「わび」とは、派手・豪華なものに対して、簡素・質素なものの中に求められた美であるし、「さび」とは、閑寂・枯淡なものの中に奥深い味わいを見いだそうとした美である。これらの日本美のあり方は、いわば「つつしみ」の美学ともいうべきものであろう。

ちなみに、「なまめかし」とは、「なま‐めかす」ということで、「ナマは未熟・不十分の意。あらわに表現されず、ほのかで不十分な状態・行動であるように見えるが、実は十分に心用意があり、成熟しているさまが感じとられる意」（『岩波古語辞典』）である。冒頭の『猫町』の、あやしく「淑やかな上にコケチッシュ（色気）」の説明にもなっているだろう。

◆付「自粛」について

自粛という禁欲のあり方

二〇二〇年から始まった新型コロナウイルス感染症においては、諸外国はそれぞれ罰則をふくめた強制力によって感染拡大に対処してきているが、日本では、とくにそうした強い措置をとらずに、ゆるい自粛要請によって対応してきている。しかし、なぜ、〝自粛〟なのだろうか。自粛とは、もともと、自ら「粛す」という、みずから「つつしみひかえる」「静かにする」という意味である。ここには、日本人の、倫理的・宗教的なものの考え方・感じ方の大きな問題がひそんでいる。

「自粛」は中国漢語ではなく、和製漢語である。『日本国語大辞典』には、「自分から進んで行いや態度をつつしむこと」という語義で、こういう語例が載せられている。

自粛自粛といひて余《あま》り窮屈《きゆうくつ》にせずともよしと軍部より内々のお許《ゆるし》ありしと云ふ。

（永井荷風《ながいかふう》『断腸亭日乗《だんちょうていにちじょう》』）

『日本国語大辞典』には、それぞれの語の、現在確認できるもっとも古い語例が挙げられているが、ここではそれが、昭和一五年の永井荷風の『断腸亭日乗』からのものである。つまり、この言葉の歴史は浅く、せいぜい近代日本のどこかのステージで造られた言葉だということである。

「みずから」粛すこと・「おのずから」粛すこと

自粛とは、まずは「自分から進んで行いや態度をつつしむこと」の意味である。が、この語例自体が示しているように、じつは、自分「みずから」のみならず、その他の要因によってそうしているという実態がある。この用例では、それを引き締めたり、ゆるめたりするのは、「軍部」の、しかも「内々」の「お許」があったりなかったりしてのことである。そうでありながら、言葉としては、自分「みずから」進んで粛していると使われているのである。

日本語では、漢字「自」は、「みずから」とも「おのずから」とも読む（ちなみに、中国語には、この使い分けはない）。「自」を「みずから」とも「おのずから」とも読んで、とりわけ不思議でないというわれわれには、「みずから」したことと「おのずから」なったこととは別事ではない、という受けとめ方がどこかにあるということである。

くりかえし使う例であるが、われわれはしばしば、「今度、結婚することになりました」とか「就職することになりました」という言い方をする。そうした表現には、いかに当人「みずから」の意志や努力で決断・実行したことであっても、それは何らかの「おのずから」のなりゆき・働きでそうなったのだというような受けとめ方があることが示されている。

この場合でいえば、自粛という言葉において、「みずから」粛すということと「おのずから」のなりゆきで粛という状態になるということが、同時に含意されているということである。

こうした自粛のあり方については、たとえば、昭和天皇が危篤状態になってその病状が毎日テレビで報じられていたときのことが想い起こされる。

――車のコマーシャルで、井上陽水があの甲高い声で「お元気ですか」と言っていたのがあったが、やがてその声が消され、まもなくそのコマーシャル自体もなくなる。そして、だんだんとあれやこれやのコマーシャルが消えていった。とりわけ命令や通達があったわけではない。それはまさに、自粛・自主規制というかたちで取りやめられたのであるが、実際には、みんながやめているからうちもやめる、という仕方のものであった。

「みずから」やめるというのではなく、みんながやめているから、自然と「おのずから」やめるようになっていったということである。

十年以上前の東日本大震災のあとの、お祭りの自粛も同様であった。関係役所から通達があり、それにもとづいて中止したというわけでなく、あっちもやめたしこっちもやめたから、うちもやめることにした、という連鎖の中で起きたというのが実状であった。

このように、「みずから」が簡単に「おのずから」に置き換えられてしまうようなあり方が、評論家・山本七平《やまもとしちへい》の言った「空気」ということである。みんなが空気を読んで、同じ行動をしようという同調圧力のことである(『「空気」の研究』)。

あるいは、政治学者・丸山眞男が指摘した「無責任の体系」のことでもある。丸山は、日本を戦争に引きずりこみ、抜け出せなかった組織の体質、一人ひとりが責任をとらない日本人の組織のあり方を、「無責任の体系」と呼んだ(『現代政治の思想と行動』)。

さきの「結婚することになりました」という言い方でいえば、もしその結婚が、文字どおり、「おのずから」のなりゆきでそうなったのだという意味だけで語られたとすれば、その結婚がうまく行かず離婚という事態をむかえても、それもまた「今度、離婚することになりました」と語られてしまう。そこには、事の当事者が不在である。みな「おのずから」のなりゆき次第でそうなったのだということになってしまうのである。

自然・意気・諦念

しかし、この「結婚することになりました」という言い方は、かならずしもすべてが問題のある発想というわけではない。

結婚という事態についていえば、どんなに「みずから」努力しても結婚する相手に〝出会う〟ということ自体は自力ではできないし、出会いのみならず、そこには、縁とか偶然とか、人の手助けとか、けっして自力だけではない、自分以外の、あるいは自分以上のもろもろの働きが相俟《あいま》って、やっと結婚という事態にいたりつくのである。それをわれわれは「結婚することになりました」と表現しているのでもあり、それは、ある大事な感受性の表現とみることもできるのである。

ちなみに、ときに結婚ということも意味する「ちぎり」というやまと言葉は、自分「みずから」

の意志でする「約束、言いかわすこと」であると同時に、自分にはどうにもならない「前世からの因縁、宿縁」という意味もあわせもっている——前世からのさまざまな因縁によって、今、二人はこうなっているのだ、と（『岩波古語辞典』）。こうした微妙な言葉遣いにも、同じような感受性を見いだすことができる。

九鬼周造は、日本の思想文化の大事な要素として、自然・意気・諦念の三つを挙げている（『日本的性格』）。自然という「おのずから」と、意気（意気地）という「みずから」、そして、諦念という「あきらめ」とが、日本人の発想の基本性格としてあるというのである。

「おのずから」と「みずから」と、そして、その両様の働きを見きわめる知恵としての「あきらめ」である。諦めは、「明《あか》らめ」という「ものごとの真相を明らかにする」意味と、「断念する」という意味の、両方をふくんでいる。自然と意気とを、明らめ・諦めることによって、日本の思想文化は形成されてきたというのである。

自粛もまた、一方では、悪しき「空気」や同調圧力として、当事者不在の「無責任の体系」を生じさせかねないものとしてありながら、また一方では、人が生きていくうえでの不如意・不可抗なものをやさしく感受しようとする姿勢でもある。それも、ひとつの否応《いやおう》ない生のかたちでもあるだろう。

「ほほえみ」について

「顔でこそ笑っていたが、全身で泣いていた」

やまと言葉の「ほほえむ」は、声をたてずににっこり笑う、の意である。漢字を当てれば、「微笑む」「頬笑む」で、微《かす》かに笑う、頬をゆるめて笑うことを表す。日本人は、困ったとき、悲しいときにも、顔に微笑を浮かべていることがある。なぜそうするのだろう。それは、とくに西洋人には理解できない、不可解・不可思議なものと映った。あるいは、コミュニケーションが破綻した際に、とっさに場を取り繕おうとする意味不明の微笑などと批判されることもある。こうした日本人の「ほほえみ」について考えてみよう。

芥川龍之介《あくたがわりゅうのすけ》に「手巾《ハンケチ》」という作品がある。自分の息子の死を知らせに来た母親に応対した「先生」の観察・感懐を綴ったスタイルの短編である。

「先生」は、母親の「態度なり、挙措《きよそ》なりが、少しも自分の息子の死を、語っているらしくないということ」に気づく。「眼には、涙もたまっていない。声も、平生の通りである。その上、口角《こうかく》には、微笑さえ浮んでいる」。

しかし偶然、先生が落とした団扇《うちわ》を拾おうとしたときに、母親の膝の上の手が目に入る。母親の手はふるえ、それを抑えるように、手巾を両手で裂《さ》かんばかりに緊《かた》く握っていたのである。

「――婦人は、顔でこそ笑っていたが、実はさっきから、全身で泣いていたのである」。こうした母親の「けなげな振舞《ふるまい》」を、「先生」は「日本の女の武士道」だと賞讃する。

「手巾」にはもうすこし続きがあるが、それはあとでふれるとして、その微笑が武士道とのつながりで捉えられていたように、（日本人の精神を広く海外に知らしめようと英文で書かれた）新渡戸稲造《にとべいなぞう》『武士道』でも、同じような「日本人の微笑」の理解がなされている。

「もし、あなたが不幸のどん底にある日本の友人を訪ねたとしよう。それでも友人は真《ま》っ赤《か》な目と濡れた頬を見せながらも、いつものように笑って迎えるであろう」と、新渡戸は、苦痛・悲痛のきびしいときでも日本人は微笑をたたえて話をする傾向があると指摘している。そしてそのことを、こう解釈している。

日本人にとっての笑いは、逆境によって乱された心の平衡を取り戻そうとする努力を、うまく隠す役割を果たしているからである。つまり、笑いは悲しみや怒りとのバランスをとるためのものなのだ。

（『武士道』）

心をかき乱すことがあっても、「日本人は本能的に、そのことが外へ表れるのを静かに抑えようとする」ということである。その微笑論が、「克己」と題された第十一章で論じられているゆえんである。

微笑は「念入りに仕上げられた作法」

しかし、こうした日本人の微笑は、当時の西洋人の目には理解しがたい、不可解・不可思議なものと映っていた。さらにそれは、無情で冷酷で、笑いと憂鬱とが「狂的《ヒステリック》」に混じったものだとか、苦痛を堪《た》え、死を恐れないのは神経が敏感でないからだ、などと論じられていたと新渡戸は記している。

作家・ラフカディオ＝ハーン（小泉八雲《こいずみやくも》）もまた、西洋人は「強い侮蔑の口調をもって「日本人の微笑」を語る」、あるいは「嘘をついている証拠ではないかと怪しんでいる」が、それは間違いであって、日本人の微笑は、日本人を知るために、「研究に価する謎」であると、「日本人の微笑」というまとまった文章を書いている（『日本の面影』）。

たとえば、微笑しながら、自分の夫が亡くなったので休みをとりたいと、雇い主のイギリス婦人に告げ、その夜帰ってきて骨壺を見せながら笑って話す日本人の女中。あるいは、走ってくる馬に気づかず、人力車の棍棒《こんぼう》を馬に当ててしまい、かっとなった騎乗のイギリス人に鞭で殴られたときに、微笑しながらお辞儀をした車夫。雇い主のイギリス人から、不可解な微笑ゆえに激昂され、殴られながらも、なお微笑を絶やさず、しかし最後、威嚇《いかく》の一太刀を見せ、立ち去ったあと切腹した老サムライ――。

いずれも、当事者のイギリス人たちにはわかりえようがない不思議な微笑であったが、ハーンには、こう了解できるものであった。

日本人は死に直面したときでも、微笑むことができる。現にそうである。しかし、死を前にして微笑むのも、その他の機会に微笑むのも、同じ理由からである。微笑む気持ちには、挑戦の意味合いもなければ、偽善もない。従って、われわれが性格の弱さに由来すると解釈しがちな、陰気なあきらめの微笑と混同してはならない。日本人の微笑は、念入りに仕上げられ、長年育《はぐく》まれてきた作法なのである。それはまた、沈黙の言語でもある。

（「日本人の微笑」）

日本人の微笑は、挑戦でもなければ偽善でもあきらめでもなく、「念入りに仕上げられ、長年育まれてきた作法」「沈黙の言語」でもあるというのである。古くからの「日本のしきたり」であるとも「規範」「教養」であるとも言っている。

そして、それは「作法」「規範」であるがゆえに、「「日本人の微笑」の謎をとく鍵は、日本的な礼儀正しさの感覚にある」のではないか――。その微笑は、単に自分の乱れた気持ちを立て直し、取り繕おうとする、いわば自己防衛・自己保存のためのポーズではない。「念入りに仕上げられ、長年育まれてきた作法」「礼儀」だというのである。

ハーンはこう考えている。

――日本人は、相手にとって一番気持ちのいい顔は微笑している顔だと思っている。だから、いつもできるだけそうした微笑をむけるのが大切であり、「いつも元気そうな態度を見せ、他人に愉快そうな印象を与えるのが、生活の規範とされている。たとえ心臓が破れそうになっていてさえ、凛《りん》とした笑顔を崩さないことが、社会的な義務なのである」、と。

逆に、いかにも深刻だったり不幸そうだったりすることは「無礼」だということになる。人に心配をかけ、不快な思いをさせてしまうからである。そこでの微笑が意味しているのは、――私どもに不幸な出来事が起こったとお思いになったとしても、それでお気を煩《わずら》わされませんよう、失礼を顧みず、このようなことをお伝えすることをお許しください、といった気遣いだというのである。つまり、それは、「自己を押し殺してでも礼節を守ろうとする、ぎりぎりの表現」だということである。

幸せと抑制

ハーンが理解した日本人の微笑の意味は、どこまでも、おたがいが「幸せに生きていくための秘訣」であった。「生にも愛にも、また死に対してすらも微笑を向ける、あの穏やかで親切な、暖かい心を持った人たちとなら、ささいな日常の事柄についても、気持ちを通じ合う喜びを味わうことができる。そうした親しみと共感を持つことができたなら、日本人の微笑の秘密を理解することができる」。

その「親しみと共感」は、本来、「礼節」や「寛容」をふくむ自己抑制がなければ不可能であった。というより、そうした自己抑制が「穏やかで親切な、暖かい心」から発することがわからなければ、「親しみと共感」は成り立ちようのないものであった。

しかし、自己抑制は、ややもすれば、無理やりの外形だけのよそおいと見られてしまうことがある。そのときその微笑は、作り笑い、偽善・テクニックと見られてしまう。芥川の「手巾」には、このような続きがある。

——母親と面会した夜、「先生」は偶然読んだ本に書かれてあったことから、昼の彼女のふるまいが、「顔は微笑していながら、手は手巾を二つに裂くという、二重の演技」かもしれないという疑念をいだく。そして、「武士道」と「その型《マニイル》」という問題に心が擾《みだ》されそうになる……。

こうした疑念は、芥川のみならず、すでに見たように、『武士道』や「日本人の微笑」に書かれていた西洋人の視線でもあった。つまり、西洋近代の「新しい自我意識」には、それは「個性を犠牲にすることによって保たれてきた」、あまりに堅苦しい、昔ながらの「倫理体系」としか映らなかったのである。

対してハーンは、日本人ほど「幸せに生きていくための秘訣」を十分に心得ている人々はいない、「人生の喜びは、周囲の人たちの幸福にかかっており、そうであるからこそ、無私と忍耐を、われわれのうちに培《つちか》う必要があるということを、日本人ほど広く一般に理解している国民は、他にあるまい」と考えたのである。

「日本人の微笑」の最終節で、「写実的でいながら神聖な趣《おもむき》」をもって微笑を浮かべている地蔵菩薩像を見ながら、ハーンはこう述べている。

そのうち、じっと見ている私のかたわらに、十歳くらいの少年が駆け寄ってきた。地蔵さんの前で、小さな両手を合わせると、頭を垂れて、ちょっとの間黙ったまま祈っていた。……少年が無意識に浮かべている微笑は、地蔵さんの表情とそっくりだったので、菩薩と少年はまるで、双子《ふたご》の兄弟のようだった。そのとき、私にひらめいたのは、「銅とか石でできた仏像の微笑は、単にインドや中国の模倣ではない。仏師たちは、そこに、日本民族特有の微笑を象徴的に表現したのだ」という考えだった。

（『日本人の微笑』）

「『深く、静かにたたえられた水のように穏やか』といわれる大仏様の慈顔」もまた同様で、そこに込められているものは、「最高の幸福」「無限の平安」への祈りであり、「だからこそ、究極まで自己を抑制することが、理想とされたのである」。かように、「日本人の精神には素晴らしい平静さが保たれている」というのである。

つぼみが開くことも「ほほえみ」

微笑は、ハーンの発見した奇跡のような日本の美しさのひとつであるが、むろんそれは、人間の倫理・民俗だけの問題ではなく、神々の住まうという国の自然・風物のそれでもあった。「どうして日本の樹木は、こんなにも美しいのか。西洋では、梅や桜の木に花が咲いても驚くほどの光景にはならない。しかしここでは、この美の奇跡に思わず目が眩むばかりだ」（『東洋の第一日目』）。

ちなみに、やまと言葉の「ほほえむ」は、人が「かすかに笑う」という意であるとともに、「つぼみが開き、ほころぶ」の意でもある。

――「梅はけしきばみ、ほほゑみわたれる（梅は開花のきざしが見えて一面に咲きかかっている）」（『源氏物語』）。それは、地蔵・大仏のそれと同じように、まさに内からほころび出る「おのずから」の微笑であるだろう。

最後に一言。かつて「二十一世紀高野山医療フォーラム」（平成二一年）に参加したときに、瀬戸内寂聴さんの講演を聴いた。話は、「和顔施《わがんせ》」という、お金がなくとも簡単にできるお布施のひとつについて、であった。「誰に会ってもやさしい微笑をみせることで、相手の心も場もなごみます」。一時間の講演の後、聴衆の表情が、わずかに、しかし、たしかに変わったと感じられた。

「きれいさ」について

「きれい」な和食の魅力

われわれは、「きれいな服」「きれいな発音」「きれいな心」「きれいさっぱり忘れた」と、ふだんは気にとめないが、すこしたちどまって考えてみれば、それぞれ微妙に意味合いが違う言葉を使っている。「きれい」は、本来、中国漢字の「綺麗」の音読みがそのまま日本語になったものである。日本人にとって「きれいさ」は美意識だけでなく、倫理観・道徳観においても大切な要語である。あるシンポジウムで、料理研究家の土井善晴さんとご一緒したことがある。土井さんは、和食の魅力について話をされ、そこで、「きれい」ということを強調された。

――和食は「きれい」が魅力です。青々とゆでた菜っ葉。シャキッと炒めたつややかなもやし。ピカッと輝く炊《た》きたてのごはん……。「きれいだな」と感じるものは食べたときに間違いなくおいしい。「きれい」な料理というのは「食べごろ」をおさえた料理でもあります。この「きれい」ということが、和食には絶対必要なんです。また、大事なことは、その「きれい」が、まな板や包丁を「きれい」にするということと別なことではないということです。

あるいは、別のある対談で、土井さんはこうも言っている（土井善晴×養老孟司「料理をする人、食べる人」）。

料理することで気づいたのですが、「きれい」という言葉を日本語では多用しますね。「もっときれいにしときや」「きれいな仕事してはるね」「ああ、きれいやな」と、花を見るときにも使います。うそ偽りのない真実であること、悪意のない善良であること。いわば、人間が好む真善美を「きれい」という一言で表していて、料理の道しるべだと思っています。

和食では、この「きれい」ということが絶対必要であり、それは、見た目の美しさだけでなく、タイミングや味（土井さんは「きれいな味」という言い方をしている）をふくめ、「きれいにする」という清潔さや、「うそ偽りのない」という純粋さをも含意しているのだ、と。さらに、日本語は「人間が好む真善美を「きれい」という一言で表してい」るのだ、とも。

花やかな美しさと清浄さ

美しさとしての「きれい」と、清潔・純粋さとしての「きれい」を重ねて受けとめるこうした考え方は、日本人の心根を考えるにおいても大切なポイントである。「きれい」という言葉は、辞書ではこう説明されている。

きれい
①目に見て美しく心地よいさま。美麗。②耳に聞いて美しく心地よいさま。③よごれがなくさっぱりしているさま。清潔。④やましい点のないさま。けがれのないさま。潔白。⑤男女間の肉体的交渉がないさま。清純。純潔。⑥きちんと整っているさま。整然。⑦(「きれいに」の形で)残りなく事が行われるさま。すっかり。
(『大辞林』)

①②は、目や耳に見聞きして「心地よいさま」を表す。①「きれいな顔」「きれいな景色」とか、②「きれいな声」「きれいな英語を話す」といった使い方である。先に言ったように、「きれい」は漢字「綺麗」の読みがそのまま日本語になったもので、中世以後に広まった言葉である(本来は名詞であるが、ありさまを表す形容動詞として一般的に使われるようになった)。

漢字で「綺」は「あやぎぬ」(綾絹)のこと、「麗」は鹿の角がそろって美しいさま(『新字源』)で、「綾のように麗しいこと」という、花やかな美しさを表す言葉であった。①②の用法は、こうした華美・流麗を基本とした美しさの表現である。

が、そうした言葉がやがて、③~⑤の意味でも使われるようになってくる。③は「きれいに洗濯する」「きれいな水」、④は「身辺をきれいにする」「きれいなお金」「きれいな心」、⑤は「きれいな関係」「きれいな体」と使われている。

いずれも基本的に、よごれ・濁りがない、という意味で、清潔・純粋さとしての「きれい」である。⑥⑦も、その延長で考えることができる。⑥は余計なものがなく乱れていないという意味の「きちんと整っているさま」で、「頭髪をきれいに分ける」「足並みがきれいにそろう」と使われ、⑦は未済のものなどについて「残りなく事が行われるさま」で、「借金をきれいに返す」「きれいに忘れてしまう」と使われている。

このように、「きれい」は、もともと、花やかな美しさを表す言葉であったが、やがて同時に、清潔・純粋な美しさをも表すようになったものである。今でもたとえば、「きれいな部屋」という言い方は、それが花やかな家具・調度品で飾られた部屋であるのか、きちんと掃除された整然とした部屋なのか、それだけでは判然としない。しかし、われわれは、それでとくに不便とも思わずに、微妙に使い分けながら、あるいは重ね合わせながら、この言葉を用いているのである。

自然の清らかな働き

清潔・純粋さという意味での「きれい」は、本来の中国漢字「綺麗」にはなかったものである。日本において独自に生じてきたもので、「うるわし」「きよし」「いさぎよし」などのやまと言葉の意味を吸収しつつ勢力を拡大し、ついに「うつくし」と相並ぶようになったものであると、『日本国語大辞典』の「語誌」は説明している。

こうしたところから、日本人がいかに清潔・純粋であることを尊んできたかをうかがい知ることができるし、そこには、日本の自然風土からの大きな影響があると考えられる。たとえば、『万葉集』のこういう歌。

水底《みなそこ》の玉さへ清《さや》に見つべくも照る月夜《つくよ》かも夜の深《ふ》けゆけば
――夜もふけて川底の玉砂利さえ清くはっきりと見ることができるほどに皎々《こうこう》と月が照っているよ。

住吉《すみのえ》の沖つ白波風吹けば来寄《きよ》する浜を見れば清《きよ》しも
――風が吹き、沖の白波がおしよせてくる住吉の浜を見ると、清々《すがすが》しい気分になることだ。

いずれも、川・水・砂利・月・海・波・風・浜といった自然の清らかさをたたえ詠ったものであるが、こうした、自然の清浄な姿・働きに惹かれ、みずからもまたそれへと一体化し清浄になろうとする思いは、万葉以降、現代にいたるまでくりかえし歌われ、訴えられてきている。

その美しさは、白砂青松《はくしゃせいしょう》、山紫水明《さんしすいめい》といわれるような、いわば空間の風光美だけでなく、移り行く時の折々や旬《しゅん》など、時間やリズムが持っている心地よさの美でもある。日本人の生活文化には、そうした美的感覚が深くしみこんでいるのである。土井さんのいわれる、和食の「食べごろ」や味の「きれいさ」とは、そうした繊細な暮らしの伝統に根差すものであろう。

倫理観としての「きれいさ」

日本人の、このような志向は、美意識においてだけのことではなく、倫理観・道徳観においても顕著に表れている。われわれはしばしば、道徳的に悪いことを「きたない」と表現し、善いことを「きれい」と表現する。「あなたが悪い」「悪い人だ」と言うよりも、「あなたはきたない」「きたない人だ」と言う方が非難の度合いは高い。また、「きれいな心」「きれいな身の処し方だ」というようなほめ方が、単純な「善さ」「正しさ」に優先して好んで使われている。

あとで「「ただしさ」について」で見るように、日本人の「ただしさ」の捉え方においては、何らかのあるべき理法やきまりに則《のっと》るか、則らないかという以前に、まずは自分の側が、人や事に関わるときに、いかに嘘偽りなく純粋に全力をかけているかどうか、その姿勢や態度そのものが問われてきた。清明心、正直、誠、一生懸命、無心……といった、心情の純粋性・全力性を求める倫理観である。

心の善さを清さ・「きれいさ」という一種の美しさと重ねて見る捉え方は、日本人の恥に対する強い感じ取り方にもよく現れている。武士道の「いさぎよさ」の尊重の仕方にも見られるように、武士たちにとっては、いさぎよくない行動をとることが何よりも恥とされたのである（後出「「いさぎよさ」について」参照）。

「すまない」とお祓い・禊ぎ

日本人の謝罪の言葉で使われる、もっともポピュラーな表現のひとつは、「すまない」「すみません」である。これは「すむ」の否定形であるが、「すむ」とは「澄む・清む」であり、「浮遊物が全体として沈んで静止し、気体や液体が透明になる意」が原義である（『岩波古語辞典』）。

たとえば、「千歳《ちとせ》を待ちて澄める川かも」とは、千年という年月が経って濁った川の水が透《す》きとおるようになったということであり、「清く澄める月」「ものの音清《ねす》むべき夜」とは、光や音に曇りがなくなって冴える様子を表している。

濁りや曇りのない透明さを表す「澄む」「清む」という用法は、空や水、月や音など風物の様子だけではなく、「澄んだ瞳」とか「澄んだ心」などと、人の心や表情のありようなどにも使われてくる。

そして、そこから転じて、浮遊物が沈着・静止するように、いろいろな問題が片づき収まるといった「済む」という用法が派生してくる。一般的に、物事がすっかり終わること（「契約が済む」など）、借りを返すこと（「借金が済む」など）、予想していた程度以下や範囲内で収まること（「これだけで済んだ」など）を意味している。

つまり、日本人の「すまない」「すみません」とは、この「済まない」の意で使われており、このままでは終わらせない、かならず片をつける、という意味合いで発せられているのである。むろんそこには、このままでは気持ちも事態も「澄まない・清まない」ということが含意されているだろう。

また、神事としてのお祓《はら》いや禊《みそ》ぎは、病気や災害などをふくめて、心身のよごれや濁りを取り除こうとするものである。きれいな水などによって洗い清めることによって、本来の元気・活力を取り戻そうとする祈りの儀式である。ここにも、自然の清らかな働きを信頼し、それにまかせようとする日本人の基本姿勢を見いだすことができるであろう。

「きれい」という言葉は、こうした感じ方・考え方のうちに育まれてきたのである。

「かたじけなさ」について

敬意と恐縮

「ご好意のほど、まことにかたじけなく存じます」「かたじけないお言葉をたまわり、恐縮でございます」など、「かたじけない」という言葉は、現代においても、すこしあらたまったお礼の表現として、時折使われる。いずれも身にあまる親切や好意に対する感謝を表す言葉であるが、基本には、こんな自分のようなものに「そんなことまでしてもらって」といった、身の縮むような恐縮の気持ちがある。

時代劇などでよく耳にするように、「かたじけなし」は、武士社会によく似合う言葉である。いつも帯刀し、緊張しながらたがいに向き合わざるをえない武士たちには、他者への敬意と自己の謙譲は不可欠の倫理であり、「かたじけなし」は、その恰好の言葉であった。

『広辞苑』では、「かたじけない」は、こうまとめられている。

かたじけない

①恥かしい。面目ない。②(過分の恩恵や好意を受けて) 身にしみてありがたい。③(尊貴さが

そこなわれるようで）もったいない。恐れ多い。（『広辞苑』）

「かたじけない」とは、多くの場合、「②身にしみてありがたい」という感謝の意味であるが、それはつねに「③もったいない。恐れ多い」と、かしこまる自己恐縮を伴っている。つまり、相手への深い感謝は、その存在や働きに対する敬意と同時に、それが自分には「過分」であると感じる自己の側の謙譲・恐縮が基本にあるということである。――こんな自分のようなものに、このようなことをしてもらって、「身にしみてありがたい」「もったいない。恐れ多い」、と。

この言葉の最も古い用法は、「①恥かしい。面目ない」である。それはたとえば、「心にかたじけなく顔《おも》ほてりし耳熱《あつ》し（心に恥ずかしく思い、顔も耳も熱くほてった）」（『日本霊異記』）などと使われていた。『広辞苑』は、この語の元来は「容貌の醜い意を表す語であったらしい」と注記している。

この言葉の語源に定説はないが、我妻多賀子《あがつまたかこ》「「カタジケナシ」考」では、「形《かた》じ（接尾語）気無《け》し」で、「きっちりとした一定の形式にかなった様子でない」「形が整っていない」「顔が醜い」の意味で用いられるようになったと考察している。漢字では、「忝し」とともに「辱し」が当てられているゆえんである。

こうした由来もふくめて確認しておくと、「かたじけない」には、自己の何らかの卑小さの自覚が基本にある。自己の卑小さを意識すればするほど、相手の尊貴さが際立ってくるし、また、相手の尊貴さを意識すればするほど、自己の卑小さが際立ってくる。そうした相関のうちに感受される感謝の思いが「かたじけない」なのである。

「かたじけなさに涙こぼるる」

自他に関わる、このような「かたじけない」という感情のあり方は、人に対する倫理の問題だけではない。そこには、いわば宗教感情のようなものがふくまれている。

『西行全歌集』に、こういう有名な歌がある。

何事のおはしますかは知らねどもかたじけなさに涙こぼるる

――どんなもの（こと）がそこにいらっしゃるのか知りませんが、「かたじけない」思いにただ涙がこぼれます。

『山家集《さんかしゅう》』にはなく、西行の歌かどうか確定はできないが、「太神宮《だいじんぐう》御祭日よめる（伊勢神宮の御祭の日に詠める）」という詞書《ことばがき》があるように、西行が伊勢神宮を参拝したときに詠んだとされるものである。僧侶であった西行が、伊勢神宮において感じたという、この「かたじけなさ」の感覚に、日本人の宗教信仰の特徴がよく表れている。

日本人は、例年、何千万という人が初詣に行き、新年の無事と平安を祈り願っているが、その祈りや願いは、しかし、何に向かってなされているのかは、あまり意識されることはない。参拝に行くところが神社であれ寺院であれ、また、その神社の祭神が何であるか、その寺院のご本尊が何であるか、かならずしも厳密には問われないままに祈られている。

宗教という言葉は、明治になって、religion《レリジョン》という言葉の翻訳語として造語されたものであるが、そうした西洋語の意味合いからすれば、何に対して祈っているのかがよくわからないのは宗教以前、あるいは無宗教だともいわれる。が、それはけっして、いわゆる宗教心、信仰心がないということではない。

「西行は、天台、真言、修験道《しゆげんどう》、賀茂、住吉、伊勢、熊野など、雑多な宗教の世界を遍歴したが、「かたじけなさに涙こぼるる」ことだけが主体で、相手の何たるかを問わなかった。「かたじけなさに涙こぼるる」では、詩歌以前の感情だし、歌にすることをむしろ避けて通ったのではあるまいか」（白洲《しらす》正子《まさこ》『西行』）。

「相手の何たるかを問わない」ままに、しかし、そこに確実にある、何かしら名状しがたい不思議な働きを感受しているのである。古来、日本人は、鳥獣、山川草木、地水火風にいたるまで、尋常ならず優れていたり、恐ろしい力や働きをもっていたりするものは、すべて神と崇《あが》めてきた（本居宣長『古事記伝《でん》』）。八百万《やおよろず》神とは、そうした神々の総称である。この世界には、そのような神々がそれぞれの持ち場や働きにおいて、いたるところに満ち満ちていると考えられたのである。「かたじけなさ」とは、そうした存在や働きに対して畏《かしこ》まり、「ありがたい」と感ずる感性なのである。

「かしこし」と「ありがたし」

今あえて〝畏まり〟と表記したのは、「かたじけなし」の類語として、「かしこむ・かしこし」という言葉にふれておきたかったからである。「かしこむ（畏む）」は、「相手に対して畏怖・畏敬の念を抱き、身をちぢこませるようにする意」（『岩波古語辞典』）である。結婚式など神社での儀式で神主が上げる祝詞《のりと》に出てくる「かしこみかしこみ白《もう》す」の、あの「かしこみかしこみ」である。

その「かしこむ」心情が「かしこし」である。現代では、「かしこい」という言葉は、「頭の働きが鋭く、知能にすぐれている。利口だ。賢明だ」（『大辞泉』）という意味でのみ使われているが、もともとは、「海・山・坂・岩・風・雷など、あらゆる自然の事物に精霊を認め、それらの霊威に対して感じる、古代日本人の身も心もすくむような畏怖の気持をいうのが原義」であった（『岩波古語辞典』）。

この原義での「かしこし」は、「かたじけなし」とほぼ同義である。が、やがて時がたつにつれて、この言葉は「畏敬すべき立場・能力をもった人」の形容語となり、現代語「かしこい」にいたっている。

また、日本語として感謝を表す最も一般的な言葉は、「ありがたい」である。これは、いうまでもなく「有り‐難し」で、ありそうもなく稀《まれ》なことでありながら、それが思いもかけず、わが身にふりかかってきたことを、「もったいない、うれしい」と感謝する言葉である。

「かたじけなし」の類語としての「かしこし」も「ありがたし」も、対象の霊威さや稀少さゆえの尊貴性が先立つ感情であるが、対して、「かたじけなし」は、その、まずもっての前提として、みずからのいたらなさや恥ずかしさという卑小性が基底にあることは、再確認しておきたい。

「もったいない」

「もったいない」も、「かたじけない」の類語である。「かたじけないお言葉」は、そのまま「もったいないお言葉」と言い換えることができる。これも、過分の親切や好意に対して恐縮し、ありがたいと思うさまを表す表現として、昔から使われてきた言葉である。昨今、「MOTTAINAI（もったいない）運動」の標語としても注目を浴びてきた言葉でもある。以下、この「もったいない」について見ておこう。

「もったいない」は、辞書的にはこう説明されている。

もったいない
（物の本体を失する意）①神仏・貴人などに対して不都合である。不届《ふとど》きである。②過分のことで畏《おそ》れ多い。かたじけない。ありがたい。③そのものの値打ちが生かされず無駄になるのが惜しい。
（『広辞苑』）

「もったいない」は「物の本体を失する意」と説明されている。「もったい」は「物体」「勿体」と書き、物の本体・物のあるべき姿・物々しさ・威厳……といった意味である（「もったいがある」は、威厳があることであり、「もったいをつける」は、物々しく見せること、「もったいぶる」は、いかにも物々しくふるまうことである）。

そうした「もったい」が「無い」ことが「もったいない」で、物の本体・あるべき姿を失して、「①神仏・貴人などに対して不都合である。不届きである」という意味が、まず基本である。たとえば、「帯紐《おびひも》解け広げて思ふ事なくおはする事勿体なし（……考えなしでおられることは不届きである）」（『源平盛衰記』）などと使われていた。

そうした①の意味から転じて、他者から何かをしてもらったときに、身にあまる不相応なことと恐縮し、「②過分のことで畏れ多い。かたじけない。ありがたい」という意味が生じてくる。「これは勿体なき御諚《ごじょう》（お言葉）に候」（『醒睡笑《せいすいしょう》』）などの用法は、さきに見たような「かたじけない」の語感とほぼ同じ使い方である。

が、「もったいない」は、さらに、その、不相応・不釣り合いと感じる感受性を、話者本人の感謝表明にとどめず、広く、人・物・事象一般の価値評価にまで適用している。「彼女を閑職に置いておくのはもったいない」「ご飯を残すなんてもったいない」「こんなおしゃべりは時間がもったいない」等々、と。「③そのものの値打ちが生かされず無駄になるのが惜しい」という意味である。

こうした含蓄をもつ「もったいない」に注目したのが、環境分野でノーベル平和賞を受賞したケニア人女性、ワンガリ・マータイ Wangari Muta Maathai であった。彼女は、「もったいない」は単なる倹約精神の言葉ではなく、自然や物に対する尊敬の念（リスペクト）が込められていると理解した。そして、これと同様の意味合いの言葉は存在しないとして、MOTTAINAIと表記し、新たな環境保護・省資源の根本精神として、MOTTAINAIキャンペーンを世界中に繰り広げたのである。

その精神が、「かたじけない」という倫理・宗教感情とつながっていることは、あらためて確認するまでもないだろう。

「いたわり」について

若者用語「いたい」のニュアンス

「いたい」という言葉が、今、若者用語として、独特のニュアンスで使われている。「あの人、イタイよね」とか、「イタイ歌い方」「イタイ服」とか、本人はまともで、かっこういいと思ってやっていることが、まわりからは、みっともない・場違い・勘違いと判断されたときに使われる批判語である。

いうなれば、痛々しいということであるが、痛々しいにはまだかろうじてある同情や気の毒さのニュアンスが、この言葉にはない。シニカルな乾いた響きがある。言う側が何らの痛みも感じていないからである。

これに似たものに、「かたはらいたし」という言葉がある。これは「傍《かたわ》ら痛し」で、「(傍らの者として、他人のことが)気になる。他人事ながら苦痛である。見苦しい」という意味である(『岩波古語辞典』)。

かたはらいたきもの、……客人《まろうど》などに会ひてもの言ふに、奥の方にうちとけ言《ごと》など言ふを、えは制《せい》せで聞く心地《ここち》。……聞きゐたりけるを知らで、人のうへ言ひたる。（『枕草子《まくらのそうし》』）

――傍らの者として苦痛であること……お客などと会って話をしているときに、家族などが奥の方で遠慮のない話などをするのを、制止することができないで聞いている気持ち……、聞いていたとも知らず、その人の噂をしている様子。

「かたはらいたし」は、本来は「（傍らの人が自分をどう見るだろうと意識して）気がひける。気はずかしい。気が咎《とが》める」という、自己の側の苦痛を意味していたものであった。それがやがて、「（傍らの者として、他人のことが）気になる。他人事ながら苦痛である」となったものである。そこには、他人事ながら、ハラハラしている「痛い」自分がまだとどめられている。が、やがて中世以降、「傍ら痛し」が「片腹《かたはら》痛し」などと当て字されながら、おかしさのあまり片腹が痛い、ばかばかしい、ちゃんちゃんらおかしい、というような意味合いの言葉になってきたのである（『岩波古語辞典』）。

「いたい」「いたむ」の意味

「いたむ」「いたし」の語幹「イタ」は、「イタル（至る）」「イタダキ（頂）」と同根で、極限や頂点を意味している。今も使う「いたく感動した」の「いたく（甚く）」は、程度のはなはだしさを指している。それが、はなはだしく「耐え難い刺激を感じるさま」（『角川古典基礎語辞典』）という、心身の苦痛を表す言葉に転じたのが「いたし（痛し）」である（『岩波古語辞典』）。

それはまずは、自分自身の心身の苦痛が基本になっている。が、同時にこの言葉は古くから、たとえば、「古代《こだい》なる御文《おんふみ》書きなれど、いたしや、この御手《おんて》よ。昔は上手にものしたまひけるを、年にそへてあやしく老いゆくものにこそありけれ」(『源氏物語』)などとも使われている。——昔は上手にお書きになっていたものが老いるにつれてその筆跡がおとろえ、それが「いたしや」というのである。

自分自身のことでなく、他者のことでの「いたみ」である。が、その「いたみ」は、他者のことがらではあるが、その事態を目撃している話者みずからの「いたみ」でもある。その痛々しさは、文字どおりの同情である。

人の死を「いたむ(悼む)」というときの「いたむ」は、人の死に接して、それが自分に「いたく」感じられ、それを嘆き悲しむということである。漢字「悼」は、「心と卓(ぬけでる意)とから成り、気がぬけ落ちたような悲しみの意を表わす」と説明されている(『新字源』)。つまり、「哀悼の意」を表するとは、自分自身の「いたみ」を表すると同時に、死者の気持ち、また遺族の気持ちを察して、その「いたみ」を感受するという意味をあわせ表するということなのである。

「いたましい」「いたわしい」「いたわる」

「いたましい」「いたわしい」は、「いたむ」「いたし」の派生語であるが、これらの言葉も、まずは自分の心身の苦痛、つらさを意味していた。——「己《おの》が身し、いたはしければ(自分の身が病気で苦痛であったので)」(『万葉集』)、「いたましうするものから下戸ならぬこそ男《おのこ》はよけれ(酒をすすめられては困った様子はするものの、まったく飲めない下戸というわけではない。こういう男こそ好ましい）」（『徒然草』）等々、と。

そして、それが同時に、自分も痛いと感じられるほどに、他者がかわいそうだ、ふびんだと思うことを意味する言葉としても使われてきた。――「世を捨つる御身《おんみ》といひながら御いたはしうこそ」（『平家物語』）。世を捨てた身とはいえども、おかわいそうだ、というのである。

鴨長明『方丈記《ほうじょうき》』の「養和の飢饉」を描写したところに、こういう文章がある。

また、いとあはれなる事も侍りき。さりがたき妻《め》・男持ちたるものは、その思ひまさりて深きもの、必ず先立ちて死ぬ。その故は、わが身は次にして、人をいたはしく思ふあひだに、稀々《まれまれ》得たる食ひ物をも、かれに譲るによりてなり。されば、親子あるものは、定まれる事にて、親ぞ先立ちける。

――また、たいそうあわれなこともあった。離れがたい妻、男を持ったものは、その愛する気持ちがまさるあまりに、かならず先に死んだ。なぜなら、わが身は二の次にして相手を大事に思うばかりに、ごくまれに手に入った食べ物も、相手に譲るからである。だから、親子となると、決まって親が先に死んだ。

ここでの「いたはし」は、かわいそうだ、ふびんだと思う気遣いをもちつつ、それを超えて（そうした気遣いをさせられてしまうほどに）大事だ、大切だという意味も付加されている。「いたましい」

にしても「いたわしい」にしても、自分自身の「いたみ」の感覚・感情を基本に、他者の「いたみ」を思いやる（他者のことを親身に思い案じる）ところでの感受性である。

そして、「いたましく」「いたわしく」思って大事にする、大切にするという行動・動作が「いたわる」である。

いたわる【労る】
①力の弱い人や困っている人、病人などに同情の気持ちをもってやさしく接する。思いやりをもって扱う。（「年寄りをいたわる」「患者をいたわる」）②慰労する。苦労をねぎらう。（「部下をいたわる」）③手当てを加える。養生をする。（「病の身をいたわる」）④努力する。苦心する。骨折る。⑤病気で苦しむ。
（『大辞林』）

④⑤は、自分自身が病気・辛労などで「いたい」とわずらうことであり、③は、そうした事態に対応して、みずから苦心し、養生することである。対して、①②は、「いたましく」「いたわしく」思う他者に対して、やさしく接し、大事にする、あるいは、ねぎらうことである。

現在では、「いたましい」「いたわしい」も、「いたわる」も、もっぱら他者に向けた意味でのみ使われているが、その根底にはもともと自己自身の「いたみ」がある。その「いたみ」が他者の「いたみ」へと推し広げられているところにこれらの言葉ができてきていることは、あらためて確認しておく必要があるように思う。

自己の「かなしみ」・他者の「かなしみ」

こうした「いたい」から「いたましい」「いたわしい」、そして「いたわる」への推移・拡大は、「かなしい」にも同様の事情を見いだすことができる。自己の「かなしみ」は、やがて他者への「かなしみ」となる。どうしようもないいとしさとしての「愛《かな》し」もふくめて、他者をかわいそうだ、哀れだ、何とかしてあげたいという意味の「かなし」である。

数例、具体例を挙げて見ておこう。たとえば、「黄葉《もみじば》の散りなむ山に宿りぬる君を待つらむ人し悲しも」（『万葉集』）という歌では、黄葉の散ってしまうこの山に逝って宿っている大事な「君」を待っている人の心を「悲し」と歌っている。哀れだ、かわいそうだの意味である。

あるいは、「国の司《つかさ》、聞き見て、悲しび賑《めぐ》みて糧《かりて》を給ふ」（『日本霊異記』）は、国司が、民の様子を見聞きして、「悲し」んで、食べ物を与えてやったというのであり、その「悲しぶ」は、「憐《あわ》れぶ」という意味である。

また、『古今和歌集《こきんわかしゆう》』の「我が身からうき世の中と名づけつつ人のためさへかなしかるらむ」という歌は、自分一己の「かなし」から他者への「憐れみ」の「かなし」へと移りゆく心の動きそのものが歌われている。自分のことでこの世を憂き世と言いながら、どうして人のことまで心が痛むのだろうか、と。

もう一例、『古今著聞集《ここんちよもんじゆう》』の「憎、悲しみの心深くして、尋ね求むれども得がたし」の、憎の「悲しみの心」とはいうまでもなく、「慈悲」の「悲」のことである。「ものをあはれみ、かなしみ、はぐくむ」（『歎異抄』）というときの「かなしむ」である。
仏教の中心概念のひとつである「慈悲」の「悲」karuṇāは、こう説明されるものである。

> karuṇāはもと形容詞で〝悲しげな〟という意味であったが、名詞karuṇāとしては他人の悲しみに同情すること、あわれむことであり、「悲」という漢字は〝あわれむ〟という意味にも用いられるが、その原意は《呻《うめ》き》であり、人生苦に呻き声をあげることである。人生の痛苦に呻き、嘆いたことのある者のみが、苦しみ悩んでいる者を真実に理解でき、その苦しみに同感し、その苦しみをいやすことができるのであり、その同苦の思いやりを《悲》と呼ぶのである。
> ……
>
> （『新・佛教辞典』）

つまり、「悲」とは、人生の苦しみ・悲しみに対する人間の呻き声であり、みずからが呻くような「悲」を知ることによって、他者の苦しみ・悲しみがわかる、わかるがゆえに、その他者の苦しみを何とか癒《いや》してあげたいという救済の思いとなって働いてくる、それが「悲」だということである。

九鬼周造は、以上のような経緯を、「あはれ」から「あはれみ」という言葉の移行に即して、こう述べている。

――「自己が他者の有限性に向って、また他者を通して自己自身の有限性に向って、「あ」と呼びかけ、「はれ」と呼びかける」という「あはれ（哀れ）」は、同時に「あはれみ（憐み）」である（「情緒の系図《けいず》」）。また、「「憐み」は必然的に「労《いたわ》り」である」（同）、とも。

「やさしさ」について

現代語の「やさしい」

日本語の「やさし（い）」という言葉は、万葉の時代より現代にいたるまでくりかえし使われてきた、けっして他に置き換えることのできない重要な言葉である。現代でも頻繁に使われているが、ちょっと立ちどまって考えてみると、微妙なニュアンスの違いがふくまれる多義的な言葉である。

現代語としての「やさしい」の辞書的な意味は、まとめてみると、およそ以下の四つの意味に分類することができる。

①親切だ・情け深い　②おだやかだ・おとなしい　③優美だ・上品だ　④容易だ・安易だ

①は「やさしく慰める」「やさしい心づかい」などともっとも多用されている、英語の"kind"に当たる用法である。②は英語でいえば"gentle"で、「肌にやさしい」「気だてのやさしい子」などと使われ、③は英語では"graceful"で、「やさしい物腰」「声がやさしい」などと使われている。

①②③は、それぞれ意味合いは異なるが、①「親切だ」と②「おだやかだ」とは重なることもある

し、②「おだやかだ」と③「優美だ」は区別がつかないこともある。いずれも漢字では「優しい」である。が、④はすこし異質で、「やさしい英会話入門」「やさしい仕事」などと使われ、英語でいえば"easy"に当たる。漢字では「易しい」である。

「含羞」としての「やさしさ」

④は別として、①②③の「優しさ」はひとつながりの言葉として理解することができる。太宰治が、こう述べている。

> 文化と書いて、それに、文化《ハニカミ》といふルビを振る事、大賛成。私は優といふ字を考へます。これは優れるといふ字で、優良可なんていふし、優勝なんていふけど、でも、もう一つ読み方があるでせう？　優しいとも読みます。さうして、この字をよく見ると、人偏《にんべん》に、憂《うれ》ふると書いてゐます。人を憂へる、ひとの淋しさ侘《わび》しさ、つらさに敏感な事、これが優しさであり、また人間として一番優れてゐる事ぢやないかしら、さうして、そんな、やさしい人の表情は、いつでも含羞《はにかみ》であります。私は含羞で、われとわが身を食つてゐます。酒でも飲まなければ、ものも言へません。そんなところに「文化」の本質があると私は思ひます。
> （「河盛好蔵宛書簡」）

太宰においては、「やさしさ（優しさ）」は、「文化」（それはすぐれて「日本文化」を指している）の本質でもある。「やさしさ」は、「ひとの淋しさ侘しさ、つらさに敏感な事」「人間として一番優れてゐる事」であり、何より大事なことは、それが「いつでも含羞」をともなっているというのである。

「含羞」は太宰の「やさしさ」理解のポイントであるが、こうした指摘をまつまでもなく、「やさし」というやまと言葉の基本は「恥ずかしさ」である。この言葉の語源は、「ヤセ（痩）と同根。（人人の見る目が気にかかって）身もやせ細る思いがする意」（『岩波古語辞典』）と説明されている。

「やさし」の初出は、『万葉集』の、次のような歌である。


世の中を憂《う》しとやさしと思へども飛び立ちかねつ鳥にしあらねば　（山上憶良《やまのうえのおくら》）

――世の中がつらいなあ、恥ずかしいなあ、と思うけれど、鳥でないから飛び立つことができない。


「やさし」は、まず、こうした「身もやせ細る思いがる」「恥ずかしい」という意味から始まった言葉である。それがやがて中古・中世になると、そのように恥ずかしそうにひかえめにしている様子が、繊細だ・優美だ・殊勝だと評価されるようになってくる。

その意味でこの言葉は、ある種の美しさを表す言葉としても使われていたのであるが、それはむろん単に外見だけのことではない。内に秘めた思いをひかえめに、わざとらしくなく表すことのできる心のあり方のことでもあった。

『平家物語』に、「あなやさし、いかなる人にて在《まし》せば、み方の御勢《おんぜい》は皆落《みなおち》候《そうろう》に、たゞ一騎のこらせ給ひたるこそ優なれ」という記述がある。平家の老将・斎藤実盛《さねもり》の、味方は皆やられてしまったのに、ただ一騎だけ残って戦っている姿が、「あなやさし（なんとやさしいのだろう）」「優なれ」と賞されているのである。

ここで大事なのは、それを、たとえば髪を振り乱し喚《わめ》きちらすなどして、大仰にやってしまってはだめだということである。あくまでもひかえめに、しかし敢然とやりとげなければ「やさし」とは評されない。実盛は、白髪を黒く染めて高齢であることを隠し、最後まで名乗ることなく、いうなれば、太宰のいう「含羞」をもって戦い死んでいく。その様子の全体が「やさし」とされているのである。

中世末期になって、さきに見た分類の①「親切だ・情け深い」という用法が登場してくるが、そこにもまた、おのれを恥じるかのようにひかえめに気遣うという意味合いがふくまれている。太宰が何より嫌ったのは「やさしくしてやってやる」という押しつけがましさである。それこそが「やさしさ」からもっとも遠い態度だからである。

「なさけ」「やさし」の演技性

ところで、「やさし」には、もう一点、大事な側面がある。これまでに見てきた、おのれをおさえて気遣うということにも関わるのであるが、そこには、ある種の演技性・作為性がふくまれているということである。「情け深い」の「なさけ」とは「やさし」の類語であるが、それはこう説明される言葉である。

なさけ

他人に見えるように心づかいをするかたち、また、他人から見える、思いやりある様子の意が原義。従って、表面的で嘘を含む場合もあり、血縁の人の間には使わない。ナサはナシ（作為する）と同根、ケは見た目・様子の意の接尾語ケ（「悲しげ」のゲなど―引用者注・以下同）に同じであろう。

（『岩波古語辞典』）

「なさけ」とは、「ナス（為す）」＋「ケ」で、「為しているように見える」意味であって、それゆえ、「表面的で嘘を含む場合もある」という。しかし、そうでありながら、古来、「なさけ」あることは、人間関係では大切なこととして重要視されてきた。

たとえば、光源氏《ひかるげんじ》は「なさけ」をもったとされる代表的な存在であるが、『源氏物語』ではそれが、「男はさしも思《おぼ》さぬことをだに、情けのためにはよく言ひつづけ給ふべかめれば……（光源氏は、それほどのお気持ちのないことでさえ、「情け」としてうまくおっしゃり続けるようなお方なので……）」などと描写されている。

つまり、「なさけ」は、かならずしも真情であるわけではなく、その場その時における他人への心づかいでもある。場をふまえ相手を慮《おもんぱか》って、好悪の感情をありのままにむきだしにせず、「よく言ひつづけ」ることが、彼の「なさけ」であったということである。

そこには、嘘と言ってしまえば嘘であるようなことも、当然ふくまれている。それゆえそれをだめだと批判することはむろんできるが、かならずしもそうでない場合もあるということである。誠や正直、一生懸命だけが倫理なのではない。文化というものには、そうした対応もまた必須だということである。

このような「なさけ」のあり方は、そのまま「やさし」のあり方でもある。見たように、「やさし」と訓じられてきた「優」という漢字のもともとの意味は、「わざおぎ、役者」である（俳優の「優」）。「優」「やさし」には、どれほどかは「見せること」の演技性・作為性がふくまれているのである。その意味でも、その「やさしさ」は、「含羞」のうちになされなければならないのである。

安易さとしての「やさしさ」

そして、もう一点、「やさしさ」を微妙にしているのは、④「容易だ・安易だ」の用法である。「あの先生はやさしい」は、往々にして、「あの先生（の試験・対応）は易《やさ》しい」の意味のことであり、「優しさ」と「易しさ」の区別がつかない使い方は、しばしばなされている。

こうした用法は、江戸時代も末ごろから使われ始めてきたが、それは、「以前「言ふはやすし」と言ったのを、いまは「言うのはやさしい」と言うのなどを見ると、「やすし」と「やさし」との間に意味の混同が起こったのかとも思われる」（阪倉篤義『日本語の語源』）といった説が有力である。

しかし、他者への配慮を先立たせて自己抑制的に処することをよしとしてきた「やさし」には、ややもすれば、他と和して安易に流れるといった傾向がはらまれていたのもたしかであろう。

「やさしさ」には、こうした微妙なニュアンスが複雑にからみあっているが、この言葉が、日本人の人間関係の現場の機微において、他の言葉では置き換えられない大切な言葉として使われてきたことはまぎれもない事実である。
以上述べ来たったことをふまえて、最後に、詩人の谷川俊太郎《たにかわしゅんたろう》の「やさしさの定義」を挙げておこう。

やさしさは権力や財力や知力のような強い力の対極にあるものです。やさしさもひとつの力ですが、その力は微かで繊細でときに弱さと混同されてしまうような力です。それは競争社会の中では、勝利よりむしろ敗北をもたらしかねません。しかし、もし私たちが何をもっとも大切に考えるか、その基準を少しでもずらしたとき、やさしさは人間をどんな力よりも強く生き生きとした生へと向かわせます。

太宰の「やさしさ」論と、みごとに呼応している。

II　「なつかしさ」と「かなしみ」

「なつかしさ」について

「なつく」から「なつかし」へ

ふるさとの訛《なまり》なつかし
停車場の人ごみの中に
そを聴きにゆく

石川啄木『一握《いちあく》の砂』の有名な歌である。「石をもて追はるるごとく　ふるさとを出《い》でしかなしみ　消ゆる時なし」「はたらけど　はたらけど猶《なほ》わが生活《くらし》楽にならざり　ぢつと手を見る」とも歌いながら、それでも（あるいは、それゆえにこそ）「ふるさと」は、どこまでも「なつかしい」ものであった。

わざわざ上野駅にまで出かけるほどに聴きたかったという、この「なつかしさ」は、自分がかつて暮らした故郷・岩手の東北弁と、そのお国言葉がとびかっていた過去の時間・空間への懐古でありながら、今現在、ここでの温《ぬく》もりや安らぎを可能にするものでもあった。

「なつかし」という言葉は、もともと、動詞「なつく」の形容詞化したものであって、「心がひかれ、離れたくないさま。愛着を覚えるさま」の意味であった（『日本国語大辞典』）。猫が「なつく」ように、対象に「心がひかれ、離れたくないさま」としての「なつかし」である。『万葉集』から数例、挙げてみよう。

春の野にすみれ摘《つ》みにと来《こ》しわれぞ野をなつかしみ一夜《ひとよ》寝《ね》にける

――春の野にすみれを摘みにきたが、野があまりに「なつかしい」ので、そこで一夜寝てしまった。

さ夜更《ふ》けて暁月《あかときづき》に影見えて鳴く霍公鳥《ほととぎす》聞けばなつかし

――夜も更けて夜明け前に姿を見せたホトトギスの声は「なつかしい」。

霞《かすみ》立つ長き春日をかざせれどいやなつかしき梅の花かも

――霞立つ長い春の日に髪飾りにして遊んでいると、梅の花がいよいよ「なつかしく」なってきた。

見れど飽かぬ人国山《ひとくにやま》の木の葉をし我が心からなつかしみ思ふ

――ずっと見ていたい人国山の木の葉（人たち）のことを心から「なつかしく」思う。

いずれも、今日の前の、野やホトトギスや梅の花や木の葉に「心がひかれ、離れたくないさま」として、癒《い》やされ、和《なご》み、慕わしく感じられるという意味での「なつかし」である。『日本国語大辞典』は、語源説として、「馴《な》れ（慣れ）付く」を挙げているが、そこから、「衣服が、着馴れて程《ほど》よくのり気がとれて、からだになじんでいるさま」という意味も派生してきている（「なつかしき程の直衣《のうし》に」、『源氏物語』）。

こうした「なつかし」が、「中世以降に生じた意味」として、「過去の思い出に心がひかれて慕わしいさま。離れている人や物に覚える慕情についていう」と使われるようになったという。つまり、今日の前にある対象に「心がひかれ、離れたくないさま」を表す言葉であったものが、やがて過去や離れているものへの想いとして転用されてきたというのである。

時間的・空間的に遠く離れているものであっても、「心がひかれ、離れたくない」と想わしめるものならば、それは「なつかし」なのである。この、対象への近さと遠さとに、「なつかし」という言葉の語感の肝心なところがある。『万葉集』からの引用。

麻《あさ》衣《ごろも》着ればなつかし紀の国の妹背《いもせ》の山に麻蒔《あさま》く吾妹《わぎも》

――麻衣を着ると紀伊の国の妹背の山で麻の種を蒔いていたあの娘のことが「なつかしく」思われる。

佐《さ》保《ほ》山《やま》をおほに見しかど今見れば山なつかしも風吹くなゆめ

って荒らすな。

——これまでは佐保山を平凡な山と見ていたが、今あらためて見ると「なつかしい」山だ。風立

秋さりて山辺《やまへ》を行けばなつかしと吾を思へか天雲《あまぐも》も行きたなびける

——秋になって山辺を行けば「なつかしい」と私を思うからか、天雲も行きたなびいたことだ。

すべて『万葉集』の歌であり、これらの歌の「なつかしさ」には、いずれも、読みこめば「過去や遠く離れたもの」をも感得することができるように思う（『日本国語大辞典』は、このような用法は「中世以降に生じた意味」としているが）。

再会の〝実‐現〟としての「なつかし」

能では、心ならずも別れてしまった者がその苦しみ・悲しみを託《かこ》つことが主題にされていることが多いが、それらのいくつかには、この「なつかし」という言葉が、重要なクライマックスに使われている。

・これはなつかし、君ここに、……なつかしや。（「松風《まつかぜ》」）
・見ればなつかしや、われながらなつかしや。（「井筒《いづつ》」）
・ただ夢の世と、古《ふ》りゆく跡なるに、……なつかしや。（「野宮《ののみや》」）

これらの曲のシテ（主人公）たちはいずれも、すでに別れて久しい相手を、ともに縁ある場所で切なく想い起こしながら、謡《うた》い、舞い、踊る。「なつかしや」は、その想い起こしの極点において発せられた言葉である。

それは、すでに過ぎ去ってしまった過去のものへの「なつかしや」ではない。今まさに、まざまざと眼前に相手を見いだし、そこへと惹きつけられるという、よりリアルな現在形としての「なつかしや」である。

それは、どうしてももう一度会いたかったという思いの、いわば〝実-現〟として描かれている。失われた何ものかは、「なつかしさ」の想起の中でのみ出会うことができる。あるいは、「なつかしさ」の想起の中でのみ、失われた何ものかは、その姿、かたちを現すことができるということである。それは、苦しみ・悲しみに沈んでいたシテにとっては、ある種の救いともいうべき事態であった。能に顕著な、こうした「なつかし」の用法は、単なる過去への懐古ではない、言葉本来がもっていた現在性を復活させているのである。

時間の重層性と「なつかしさ」

過去と現在が重ねて受けとめられるという「時間の重層性は殆《ほとん》ど文学の生命」とも言う九鬼周造は、芭蕉《ばしょう》の句を引きながら、こう述べている。

橘《たちばな》やいつの野中のほとゝぎす

橘の匂ひを現に嗅《か》いでゐる瞬間に嘗《かつ》て同じ匂ひを嗅ぎながらほとゝぎすを聞いた瞬間が蘇《よみがえ》つて来てゐる。過去が再び現在として全く同じ姿で蘇つてゐる。全く同じ二つの現在、無限の深みを有《も》つた現在がそこにある。時間が回帰性を帯びて繰り返されてゐると言つてもよいし、永遠の今が現に存在してゐると言つてもよいであらう。

（「文学の形而上学」）

この「橘や……」の句は恰好《かっこう》の事例表現であると見えて、九鬼は再三再四取りあげて論じている。かつて嗅いだり聴いたりしたことのあることに再びふれたとき、ある尋常でない何かしらの思いが経験されることがある。「過去が再び現在として全く同じ姿で蘇つて」きたとき、人はそこに、くりかえし回帰・循環する時間を見いだして、「永遠の今」を感じとることができるというのである。

むずかしい言い方になっているが、要は、匂いや音を契機に、過去と現在が重なって感じとられることがあるが、その瞬間こそが「無限の深みを有つた現在」なのであり、また、「永遠の今」ともいうべき超越的な（実存的な）経験の瞬間だというのである。

あるいは、同じような経験を語りながら、次のようなケースは、逆に、現在がはるかな過去に重なり広がっていっている。

そして私は秋になってしめやかな日に庭の木犀《もくせい》の匂を書斎の窓で嗅ぐのを好むようになった。私はただひとりでしみじみと嗅ぐ。そうすると私は遠い遠いところへ運ばれてしまう。私が生まれたよりももっと遠いところへ。そこではまだ可能が可能のままであったところへ。

（「音と匂」）

ここでは過去は、すでに自分一己の過去の輪郭をもつきぬけて、自分以前、人間以前の遠く広いところにまでさかのぼっている。あたかもそれは、「父母未生以前本来面目《ぶもみしょういぜんほんらいのめんぼく》（両親から生まれる以前のあなた本来の自己とは何か）」を問う禅の公案《こうあん》のように。こうした経験が、「無限の深み」を感じさせるものとして語られているゆえんである。

「なつかしい時間」を取り戻す

「なつかしさ」の感覚は、単に「昔はよかった」という、過去への懐古・懐旧の情ではない。現在に過去を重ね合わせながら、そこに〈あった〉、また〈ある〉、そして〈あるであろう〉大切な何ものかを感受しうる肯定感情である。

心理学的にも、「なつかしさ」には、孤独感をやわらげ、自己のアンデンティティを確かめさせ、人とのつながりを感じる度合いを高めるといった働きがあること、またそれゆえ、そこから未来をプランニングする能力とも関わると感じられているということが調査・報告されている（川口潤ほか『なつかしさの心理学』）。

先ごろ亡くなった詩人の長田弘《おさだひろし》に、『なつかしい時間』という本がある。今求められていることは「なつかしい時間」というものを取り戻すことだという、長田の遺言ともいうべき一冊である。

長田は「あとがき」で芥川龍之介の遺書を取りあげ、その最後に、「唯《ただ》自然は僕にはいつもより一層美しい」と記されていたことにふれ、しかし、芥川の死後、ずっとその自然の美しさ、ありがたさが忘れられてきたと、こう述べている。

自然が日々につくりだすのは、なつかしい時間です。なつかしい時間とは、日々に親しい時間、日常というものを成り立たせ、ささえる時間のことです。『なつかしい時間』はこの国では大切にされてこなかった、しかし未来にむかってけっして失われていってはいけない、誰にも見えているが、誰も見ていない、感受性の問題をめぐるものです。

（『なつかしい時間』）

「なつかしい時間」とは、山や空や花や風や木などの風景と人々の生活や言葉とが織り合いながら、「日常というものを成り立たせ、ささえる時間のこと」である。今ここでの日常を「なつかしい」と感じられる感受性こそが肝要なのであって、それは「けっして失われていってはいけない」、と。「なつかしさ」において時間は、過ぎ去っていくものではなく、砂時計のように積み重なっていくものだ、とも。

「なつかしさ」とは、いわば、その人の生きた保証・肯定の感情なのである。

「こいしさ」について

「恋しさ」は「寂しさ」

「こいしい（恋しい）」という言葉は、恋愛の感情としてのみならず、たとえば「亡き母が恋しい」とか「人恋しい気持ち」とか、あるいは「恋しいふるさと」とか「こたつが恋しい季節」といったように、一般的な人物・事物などにもふつうに用いられる。

『日本国語大辞典』で「恋しい」は、以下のように説明されている。

恋しい

①直接には見えない、離れたところにある事物や人が慕わしくて、じっとしていられない気持である。②特に、男女間で、慕いこがれる気持にいう。

①の語例には、「かくしても相見るものを少なくも年月経《としつきふ》れば恋ひしけれやも（こうして再会できると分かっているのに、年月会わずにいるだけでも恋しくてなりませんでした）」（大伴家持《おおとものやかもち》、『万葉集』）という歌が挙げられている。「年月経」ることにおいて感じられる「恋しさ」である。

また、②には、「見ずもあらず見もせぬ人の恋しくは あやなく今日や眺め暮らさん（見なかったというわけでもなく、かといってはっきり見たわけでもないあの人のことが恋しくて、わけもなく今日は一日もの思いして過ごすのだろうか）」（在原業平《ありわらのなりひら》、『古今和歌集』）が挙げられている。すでに「恋」に落ちながら、しかし、けっして相手は自分の手の内にはないというところでの「あやなき（わけの分からない）」思いである。

いずれも、今私たちが使っている用法とそう違いはないが、万葉の昔から使われてきたこの言葉の語感で肝心なところは、共にあり一つ（一体）であるべき相手が、現にそうではないという距離感があったり、不在であったりするときに感じられる思いを基本としているということである。

②の「男女間で、慕いこがれる気持」においても、それは、相手がたとえ物理的にどれだけ近くにいようとも、その相手が確実に「共にあり一つである」とは思いえないところにこそ生じてくるものなのである。

『万葉集』において「恋」は、しばしば「孤悲《こひ》」と表記されるが、それは、「一人悶々と恋着する様子をよく表した用字法」（『角川古典基礎語辞典』）である。「孤りで悲しい」がゆえに、思いはさらに「こひしく、おぼつかなく、いとどしき御こころざしのまさる（恋しく、気にかかって、いっそう愛情がまさってくる）」（『源氏物語』）ものだというのである。

妹《いも》に恋ひ我が越え行けば背《せ》のやまの妹に恋ひずてあるが羨《とも》しさ　（『万葉集』）

――彼女が恋しく苦しくて山越えして行くと、背山《せのやま》は妹山《いもやま》と一緒にならんでいて恋い苦しんでいないのが羨ましいことよ。

共にあり一つであると自足・満足しているものには、「恋ふ」という状況は生じてこない。現にそうありえていないという距離感や不在感こそが、「恋しさ」の内実なのである。その意味で、「恋しさ」とは「寂しさ」でもある。九鬼周造は、こうした感情のあり方を人間の基本感情と捉えて、こう述べている。

「恋しい」という感情の裏面には常に「寂しい」という感情が控えていることである。「恋しい」とは、一つの片割《かたわ》れが他の片割れを求めて全きものになろうとする感情であり、「寂しさ」とは、片割れが片割れとして自覚する感情である。（「情緒の系図」）

人間の生には、本来一体であったはずの相手が不在である、欠如しているという「寂しさ」をふまえて生きるところがある、と。かくして、「恋しさ」として発動しうる出会い（出遭い）の「偶然性の問題」が、その哲学の主題となってくるのである。

「〜に恋ふ」という語法

さきの歌の「妹に恋ひ」もそうであるが、万葉の時代には、こういう語法が一般的であった。

わが背子《せこ》に恋ふれば苦し暇《いとま》あらば拾《ひろ》ひて行かむ恋忘《こいわす》れ貝《がい》　（坂上郎女《さかのうえのいらつめ》、『万葉集』）

——あなたが恋して苦しくてたまらない。ひまさえあれば、海辺に恋忘れ貝を拾いにいきます。

「恋ふ」は助詞「に」で受けるのがふつうであり、それは、「古代人が「恋」を、「異性ヲ求める」ことではなく、「異性ニひかれる」受身のことと見ていた」ということを示している（『岩波古語辞典』）。

昔も今も、われわれは、〝これからあなたを恋そう〟とは、ふつうは言わない。「恋」とは、自分が主体的・能動的に相手を「恋する」ことではなく、相手によって、「恋という状態に落とされる」という、非主体的・受動的な事態だからである（まさに、〝fall in love〟ということ）。

それゆえ、これらの歌にも明らかなように、みずからは、思いどおりに「恋する」ことをやめることも忘れることもできない。自分みずからの営みでありながら、自分では統御できない、みずからを超えた働きなのである。

そうした「恋」のあり方は、しばしば、「恋の奴《やっこ》」とも喩えられる。——「家にある櫃《ひつ》に鍵刺《かぎさ》し蔵《おさ》めてし恋の奴《やっこ》の掴《つか》みかかりて（家の中の櫃に鍵を掛けて閉じ込めておいた恋のヤツが、また勝手に出てきて、私に掴みかかってきて）」（穂積親王《ほづみしんのう》、『万葉集』）、「徒《いたず》らに恋の奴になり果てて」（世阿弥「恋重荷《こいのおもに》」）等々、と。

あるいは、人は「恋」において、魂を奪われ、死すら招きかねないこともある。

かくのみし恋ひや渡《わた》らむ魂《たま》きはる命も知らず年は経《へ》につつ　（柿本人麻呂《かきのもとひとまろ》、『万葉集』）

——このようなかたちであなたに恋していると、魂が体から切り離され命の尽きるのも知らずに、ただ年月が過ぎてゆく。

文字どおり、それは、命がけの出来事なのでもある。ちなみに、漢字「恋」の旧字「戀」は、「攣と声義の通ずる字」で、攣は攣牽《れんけん》の意、「心攣《ひ》かれる」というほどの意と説明されている（白川静《しらかわしずか》『字統《じとう》』）。「攣」とは痙攣《けいれん》の「攣」なのである。

「忍恋」

このように「恋しさ」とは、思いどおりにならない不如意な感情であるが、それはそれだけ、自分にとっては命にかえても大事な、とてつもない価値を与えてくれるものであるということでもある。人はときに、そうした「恋しさ」を、その不如意性にもかかわらず、意志的に保持しようとすることもある。

たとえば、武士道の書、山本常朝《じょうちょう》『葉隠《はがくれ》』の「忍恋《しのぶこい》」がそうである。『葉隠』は、人が生きることは「何もかも益《やく》にたゝず、夢の中のたはぶれ」であるから、せめて「無二無三」に生きろ、とこう説いている。

誠《まこと》に纔《わずか》の一生也。只々《ただただ》無二無三が能《よき》也。二つに成《なる》がいや也。

「無二無三」（遮二無二とも）とは、二も無く三も無く〝一に生きろ〟ということである。あれもこれもと、「二つになる」ことの否定である。そのことが、「忍恋」という恋のあり方として、こう理念的に説かれてくる。

恋の至極《しごく》は忍恋と見立《みたて》申《もうし》候《そうろう》。逢《あふ》てからは、恋のたけがひくし。一生忍びて思ひ死《じに》するこそ、恋の本意《ほい》なれ。歌に、

恋《こい》しなん後《のち》の煙にそれとしれつゐにもらさぬ中《うち》のおもひを　（『葉隠』）

——恋の最高形態は「忍恋」だと見立てた。好きだと言ってしまっては、また逢ってしまっては、その恋の「たけ（丈）」、恋いこがれる思いが低くなってしまうのだ。好きだとも言わないままで、一生忍んで思いこがれて死んでいくことにおいてこそ、「恋の本意」というものがあるのではないか。

別のところでは、たとえ先方より「ケ様《かよう》にては無きか（ひょっとしたら好いてくれているのですか）」などと聞かれても、「全《まったく》思ひもよらず」と、さらりと受け流せとも言っている。

「恋しなん後の煙にそれとしれつゐにもらさぬ中のおもひを（恋いこがれて死んでいったそのあとの、自分を焼く煙が立ちのぼるのを見て、どうか知ってください、ついに漏らすことのなかったあなたへの思いを）」。相手にも言わない、漏らさないことによって、その恋を「無二無三」なものへ、至高なものへと仕立てあげようとしたのである。

「逢ふ」というのは、現実に、その人に「好きだ」と告げて、そのあと具体的な人間関係をもつことであるが、それはしかし、かならず漏れ、曇っていってしまうものだと、常朝は知り尽くしている。この世のことは、「何もかも益にた〻ず、夢の中のたはぶれ」だからである。告げれば関係は現実に始まるが、それは同時に、確実に終わりへの始まりでもある。けっして告げずに、自分のなかで死ぬまで保ち続けていけば、それは絶対に曇らない、恋いこがれたままの「たけ（丈）」の高い恋として守られるのである。

谷崎潤一郎《じゅんいちろう》の『春琴抄《しゅんきんしょう》』にも、同じような考え方を見いだすことができる。

——愛する恋人・春琴が何者かに熱湯をかけられてしまう。その火傷《やけど》で、あるいは醜くなってしまったかもしれない彼女を見てしまえば、あるいは自分の恋が醒めてしまうかもしれないと思った佐助は、針で自分の両目を突く。視力をなくすことによってでも、美しいままの春琴を、またその「恋のたけ」を維持しようとしたのである。

ここにも、「忍恋」と同じような、有限な人間の、にもかかわらずある何ものかを必死に守ろうとする、かなり切ない手立てのようなものがあるだろう。「寂しさ」でもある「恋しさ」は、どこまでも求め続ける永遠の思慕の感情でもあるのである。

「よろこび」と「たのしみ」について

神の恩恵を「よろこぶ」

喜怒哀楽という言葉がある。喜びと怒りと哀しみと楽しみという、人間の基本的な感情・心情を表したものである。仏教では、これに、愛・悪・欲を加えて、人間の七情《しちじょう》としている。これらは基本的な感情であるだけに、洋の東西・古今を問わない普遍性をもっているが、同時に、それだけに、そのときそのところにおいてのそれぞれの、他とは異なる特殊性もまたあわせもっている。ここでは、そうした、日本人の「よろこび」、そして「たのしみ」という感情について考えてみよう。

まず、「よろこび」について見ておこう。「よろこび」とは、まずは単純に、物事が自分にとって好ましくうれしく思われるという意味で、万葉の昔から使われている。たとえば、こういう歌。

蟋蟀《こおろぎ》の待ち歓《よろこ》ぶる秋の夜を寝《ぬ》る験《しるし》なし枕とわれは　（『万葉集』）

――蟋蟀は恋しいもの同士で出会って歓び鳴いているのに、枕としか一緒に寝られない私にとっては、寝る甲斐のない秋の夜だ。

このように、「よろこび」とは、まずは、自分自身の、あるいは、親子・仲間など、自分に近しいものが好ましいことをうれしく思うことである。「合格をよろこぶ」「結婚をよろこぶ」「出産をよろこぶ」等々、と。

そうした「よろこび」は、われわれがみずから望み、努めた結果でもあるが、同時に、みずからの営みを超えた運や縁や巡り合わせによってもたらされたものである。昔の人々は、それは神や仏のおかげだと考えた。やまと言葉の「よろこぶ」は、もともと、「五穀の実りや天下の慶事を、神仏の恩恵と受けとめ深く感謝し……祝う」（『角川古典基礎語辞典』）言葉であった。

今でも、就職や結婚など、慶事には、「およろこび申し上げます」というあいさつが一般的に使われている。そこには、その出来事の「よろこび」を「神仏の恩恵と受けとめ深く感謝し……祝う」という思いがこめられている。

また、その「よろこび」は、自分自身の「よろこび」である以前に、祝福する相手の「よろこび」であり、その「よろこび」を自分もまた共に「よろこばしい」と感じているという表現でもある。「ご同慶の至りに存じます」の「同慶」とは、共に「よろこぶ」ことである。

しかし、「かなしみ」と違って、自分自身の「よろこび」と他人の「よろこび」を重ねて共感することは、意外にむずかしい。どれだけ「よろこぶ」ことができるかによって、その人との近さを判定することができる。

つまり、こうした「よろこび」は、単なる主観的な快適さの感情ではない。「よろこんで、～させていただきます」というような〈すすんで気持ちよく受け入れる〉という用法においてもそうであるし、また、「人の忠告をよろこんで聴き入れる」という〈よいこととしてありがたく受け入れる〉という用法においても、同様の事情をうかがうことができる。

ちなみに、「よろこぶ」と訓《よ》む漢字では、「喜」が、うれしい・楽しいと感じるという、もっとも一般的な用法であり、「悦」は「気に入って喜ぶ」こと（満悦・喜悦）、「慶」や「賀」は、「めでたいと祝い喜ぶ」こと、「先方によい事があったのを、こちらが喜ぶ」こと（慶賀・慶福）、「歓」は、「うれしがって声や気持ちに表し、おどり上がる」こと（歓喜・歓迎）、「欣」は、「わらい喜ぶ」こと（欣《きん》喜《き》・欣求《ごんぐ》）で、それぞれ微妙な違いがある（『新字源』「同訓異義」）。

神の恩恵を「たのしむ」

さて、以上の「よろこび」をふまえて、「たのしみ」を見ていこう。

じつは、「たのしみ」もまた、「よろこび」と同じように、「神聖な存在の威光によって理想的な状況が現出し、心身ともに満ち足りて心地よい状態をいう」のが基本の言葉である（『万葉語誌』）。

『万葉語誌』では、『古語拾遺《しゅうい》』から、天照大神が岩戸から出てきたのを喜んだ神々の「あはれ、あなおもしろ、あなたのし（ああ、何と面白く、楽しいことだ）」と言いつつ舞い踊ったという記述を引いている。「神楽」という言葉の語源譚でもある（世阿弥は、ここでの神楽が能の起源だとして、「面白い」か「面白く」ないかが能の良し悪しをはかる大事な尺度だとしている）。

『万葉語誌』では、「年の端に春の来《きた》らばかくしこそ梅をかざして楽しく飲まめ（毎年春が来たら、このように梅を髪の挿頭《かざし》にして楽しく酒を飲みましょう）」（『万葉集』）という歌も引いている。新年の宴会の席で詠まれた歌である。「神によってもたらされた充足した時間・空間を讃美する」のが、「たのし」の基本なのである。

一般に「たのし」とは、「ある状態や持続的行為によって欲望・願望などが満たされ、快いさま」(『日本国語大辞典』)を表す言葉であった。それはもともと、物心両面での充足を表していたが、中古・中世においてはとくに、たとえば、「つくりたるまめ・ささげ・うり・なすびといふもの、……このとしごろは、いとこそたのしけれ」(『大鏡』)というように、物質的に豊富であるさまとして用いられていた(『日本国語大辞典』)。

今では、むしろ精神的なゆたかさとして用いられている「たのしい」は、快い気持ちという点では類語「うれしい」と共通するが、「うれしい」が、「主にその場における直接の反応を示す表現であるのに対して、「たのしい」は、主にそういう気持ちの持続するさまを表わす」とされている(同)。

「よろこび」と「たのしみ」の違いも同様である。「よろこび」は、ある営みのよい結果をその場でうれしく思うことであるが、「たのしみ」は、ある状態を満足に思い、快い気分になることである。試験に合格したことは「よろこび」ではあるが、「たのしい」とは言わない。が、その結果として得られた状態を「たのしい」と感ずることはありうる。

ただ、いずれにしても、「よろこび」や「たのしみ」が、もともとは、運や縁や巡り合わせ、あるいは、神や仏など、みずからを超えた働きによりもたらされたものとされていたということは、この言葉の大事な含意であろう。

音楽としての「楽」

以上のこととも関わるが、万葉の昔には、「たのし」という言葉は、たとえば、「しな離《ざか》る越《こし》の君らとかくしこそ柳蘰《かづら》き楽しく遊ばめ（遠い越中《えっちゅう》で皆さんとこのように柳を髪飾りにして楽しく遊びましょう）」といった歌などのように、しばしば、歌舞音曲がともなう宴席などで、飲み、遊ぶという遊楽の意で使われていた。「たのし」のもっともポピュラーな漢字は「楽」であり、その本来の意味は楽器である。

> **楽（樂）**
> 旧字は、もと、木に糸を張ったさまにより、弦楽器、音楽、ひいて「たのしむ」意を表わした……。
> （『新字源』）

「楽」の基本に音楽性があることは重要である。『論語』に、「礼に立ち、楽に成る」という言葉がある。人間の教養は、「礼によって確立し、音楽によって完成する」という意味である。近世の儒学者・荻生徂徠《おぎゅうそらい》も、ひとが生きるべき根本の道は、「礼楽の道」にしたがうことだとしている。『新字源』では「礼楽」が、「礼儀と音楽。中国では古くから、礼は社会の秩序を整え、楽は人の心を和らげるものとして、政治上特に重視された」と説明されている。音楽には、それだけの力があると考えられてきたということである（「令和」という元号は、解釈の仕方によっては、礼儀・律令と温順・調和の組合せとも考えられるが、それは「礼楽」の発想とそう遠くないところにある)。

付け加えておくと、『論語』には、「楽而不淫(楽しみて淫《いん》せず)」という言葉がある。十分楽しむが、しかしその度を越さない、という意味である。

「楽」と「楽し」

このような漢字「楽」のニュアンスも重ねられながら、「たのし」という言葉が使われてきたのであるが、ただ「らく」と訓まれる「楽《らく》」と「楽《たの》し」では、大事なところの語感が異なるところがある。

苦しいことがあって、その苦しみから逃れられたとき、たとえば、ずっしりと重い荷物をおろしたときに感ずる、ああ楽になった、という、その「楽」の語感は、面白く愉快だという「楽しい」の語感とそのまま同じではない。

「楽」が、いわば苦しみというマイナス、負債がゼロになったところでのものであるのに対し、「楽しい」は、われわれの願望・欲望が、いわばプラスとして発動し、それが満たされたところでのものである。

それは、とりわけ仏教的な用法での、「苦」の対語としての「楽」において際立ってきている。仏教では、この世の一切は「苦」であると説く。この世は無常・無我である(あらゆるものは移り変わり、変わらない我などというものはどこにもない)にもかかわらず、変わらないもの、変わらない我を求めるがゆえに、すべてが「苦」になる。そうした「苦」は、変わらないもの、変わらない我を求める欲望・煩悩を滅することにおいて「楽」になるというのである。

諸行無常《しょぎょうむじょう》　是生滅法《ぜしょうめっぽう》　生滅滅已《しょうめつめつい》　寂滅為楽《じゃくめついらく》（諸行は無常なり、これ生滅の法なり、生滅し滅し已《お》わりて、寂滅を楽と為す）（『涅槃《ねはん》経』無常偈《げ》）

——諸々のことは常なく変わり続け、生じたものはかならず滅するのがならい。生じ滅し滅し終わって、静かな楽に至る。

〝楽〟の極みという「極楽」という考え方には、こうした「楽」と「楽しい」の両方の意味合いがパラドキシカルに共存している。「欣求浄土」という、浄土を「欣《よろこ》び求める」情熱とは、まさにわれわれ凡夫の願望・欲望そのものであり、「極楽」はそれが全的に満たされる世界だとして目指されている。しかし、それが一切の願望・欲望がきざさない、沈黙・寂滅の世界でもあるというところに、浄土教という仏教の逆説《パラドックス》があり、深みがある。

付して一言。絶対他力の信仰を説く親鸞の信心のあり方においては、「信楽《しんぎょう》」という言い方が強調されている。「信心はよろこびを伴うから信楽という」（『浄土真宗聖典』）のである。

——「信心よろこぶそのひとを　如来とひとしとときたまふ（信心を喜んでいる人は、如来に等しいと説いておられる）」（親鸞『浄土和讃』）。

信ずることが「楽しみ」「喜び」に感じられる人は、すでに如来に等しいというのである。

「しあわせ」について

「仕合はす」から「仕合はせ」へ

幸福論は、いつどこでも問われてきた、最も大切な人生論のテーマのひとつであった。何がどうあることが幸福なのか、不幸なのか、さまざまな議論が重ねられてきた。やまと言葉では、幸福であることを「しあわせ」という。現代の漢字表記では「幸せ」が多いが、もともとは「仕合わせ」であった。一見、妙な言葉遣いであるが、「しあわせ」の語源により近い表記である。こうした「しあわせ」ということについて、「めでたさ」ということとあわせて考えてみよう。

「しあわせ（仕合わせ）」とは、次のように、その由来が説明される言葉である。

しあはせ
（動詞）しあはす【為合はす・仕合はす】うまく合うようにする。（名詞）①めぐりあわせること。運。善悪いずれについてもいう。②特に、幸運。

（『岩波古語辞典』）

「しあはせ」という言葉は、もともとは、「仕合はす」「為合はす」という動詞から来ている。つまり、みずからの努力によって「うまく合うようにする」という意味での使い方が基本である。「仕合はす」のは、われわれにとっていろいろ予測できない出来事・物事が起きてくるがゆえに、それらをあれこれつきあわせて、「うまく合うようにする」ということである。

たとえば、こういう語例。「多くの物ども損じて、今日の供養に仕合はすべきにあらず」――多くの物事をやり損じてしまって、今日の供養をうまくやりとげることができそうにない、と（『古《こ》本説《ほんせつ》話《わ》』）。あるいは、「差排は計較安排なり。あてがひ仕合はするなり」――差排するというのは、「計較安排」する（はかりくらべ、案配をみる）ことであり、「あてがふ」（入り用のものを、あれにはこれ、それにはどれと、おのおのに用意する）ことによって「仕合はせる」ことである、と（『大恵《だいえ》書抄《しょしょう》』）。

つまり、「仕合はす」とは、あれこれ、取りはからって何とかうまく合うようにする、ふさわしい状態になるようにするという意味である。みずからが努力して良い結果をえようとすることである。が、その「仕合はす」が、中世以降、「仕合はせ」と名詞として使われるようになると、「めぐりあわせること。運」という意味になってくる。

当初、「しあはせ悪しくして、落第したぞ」とか「今日はしあはせよく侍りて」と、「善悪いずれについても」使われていたものが、やがて「よきしあはせ」の方を、とりわけて「しあはせ」と限定して用いられるようになってきたものである。すでに中世の終わりごろ、室町時代には、現在と同じ意味で使われていたということである。

「おのずから」と「みずから」の「あわい」

「しあわせ」という言葉の、こうした移り行きには、私がここしばらく使っている「おのずから」と「みずから」の「あわい（間、出会うところ）」という、考え方の枠組みが適用できる。

われわれが生きていくにおいて出会う出来事というのは、ある意味、すべて「おのずから」のなりゆきと「みずから」の営みとの「あわい」に起きているという考え方である。

――「風邪をひく」のは、一方では、風邪のウイルスに罹ってひくのであるから「おのずから」の事柄であるが、一方では、湯冷めや寝不足で免疫力を落としていたから罹ったという「みずから」の事柄でもある。むろん、「おのずから」と「みずから」の度合いは、それぞれの出来事ごとに異なるが。

「しあわせ」という言葉についてみれば、本来は「みずから」の努力によって、「うまく合うようにする」という意味の言葉であったものが、やがて「めぐりあわせること。運」という「おのずから」の働きを含意するようになったというのである。そこには、結果としての「しあわせ」は、われわれの力だけではない、それを超えた「おのずから」の働きに大きく左右されるものだという受けとめ方があることが示されている。

しかし、大事なことは、言葉の基本にある「仕合わす」という意味は消えていないということである。つまり、「しあわせ」とは、われわれ「みずから」の「仕合わす」という努力を基本にしながらも、結果としては、それを超えた「おのずから」の働きを待つところに起きてきた事態だということである。

“happy”“lucky”と「しあわせ」

英語の“happy”は“happen”（偶然起こる、生じる）から出来た言葉であり、“lucky”も“luck”（運、めぐりあわせ）から出来た言葉であって、同じようなニュアンスをもっている。しかし、「しあわせ」は、その言葉の根底に、「みずから」の「仕合わす」努力が潜んでいるというところに、その独自の語感がある。

たとえば、「棚《たな》からぼた餅」という事態は、“happy”や“lucky”であっても、「しあわせ」とは言わない。「しあわせ」という感じ方は、多少とも、そうした事態へと「仕合わせよう」とした努力ぬきには感じ取れないものであろう。

文化人類学者の西江雅之さんに、「出会いは実力だ」という面白い言葉がある。

誰か、あるいは何かと遭遇し、そしてうまく「合う」ようになるということ――それがいわゆる「出会い」ということであるが――、そうした「出会い」とは、当人の知性や感性のあり方ぬきには語れないということである。いい絵やいい音楽にふれて、それを〝いい〟と感じるには、それ相応の努力や、またその蓄積である実力がなければそうは思えないものである。いい人と出会うには、自分の側にもそれ相応の実力がなければ、物理的に遭遇したとしても、「出会う」ことはできないということである。

また、浄土真宗の僧侶であった清沢満之は、阿弥陀仏との「出会い」ということについて、こういうことを言っている。

――阿弥陀仏に「出会う」ということは、たとえば、月に「出会う」というようなものだ。しかし、山から月が出るか出ないかは、われわれにはどうすることもできない。が、むろん、だから何もしなくともよいということではない。われわれは頭を高く上げて山の端を見仰ぎ続けなければならない。そうしていないかぎり、たとえ月が出ようとも、それを見つけることはできないのだ、と(「信の成立」)。

浄土真宗といえば、絶対他力ということが強調されるが、しかし、そこには、こうした自力がなければ、その他力も他力として働いてこないということがある。

前にも見たように、ときに結婚も意味する「ちぎり」という言葉は、自分「みずから」の意志でする「ちぎること、約束、契約」であると同時に、自分にはどうにもならない「前世からの因縁、ゆかり」という意味もあわせもっている(『岩波古語辞典』)。「夫婦は二世《にせい》」という考え方も同じである。夫婦という関係は、現世・この世だけでなく、前世ないし後世の二世にわたっての因縁において成り立ってくるものだという考え方である。そこには、「みずから」の意志と同時に、「おのずから」の働きが組みこまれて受けとめられている。

「めでたさ」と「しあわせ」

毎年、中国の友人からもらう年賀状には、かならずといっていいほど、「万事如意」という言葉が書かれている。あらゆることが「みずから」の意の如くになるように、という意味の言葉である。

われわれは、年があらたまり正月を迎えると、たがいに「おめでとうございます」というあいさつをするのが一般的である。それは、「万事如意」という発想とはすこし違うところがあるように思う。われわれは、何がどうあることを「めでたい」と言っているのだろうか。そもそも「めでたい」とはどういう意味なのか。

「めでたし」は、辞書では、こう説明されている。

めでたし

メデ（愛）イタシ（甚）の約。①申し分なくすばらしい。讃嘆する以外にない。②結構な事である。慶賀すべきである。③人がよすぎて、だまされやすい。（『岩波古語辞典』）

「めでたし」とは、「愛でる」の「愛で」に、「甚だしい」という意味の「いたし」が付いた「めでいたし」の約《つづ》まったもので、①「申し分なくすばらしい」、②「結構な事である」という意味の言葉である。それは、行きすぎると、③「おめでたい」になってしまう。慶賀すべきであるあいさつ言葉としての「おめでとうございます」は、「めでたい」に、接頭語「お」を付けた「おめでたい」の連用形「おめでたく」が「おめでとう」に変化して、下に「存じます」「ございます」などで受けて使われだしたものと説明されている（『日本国語大辞典』）。

合格とか就職とか慶賀すべきことが一般に「めでたい」のであるが、そうした「めでたい」ことの代表事例とされるのは、人生の四大儀式とされる冠婚葬祭の、葬以外の、冠（成人式などの通過儀礼）・婚（結婚）・祭（年中行事）である。

年中行事の祝い方もすこしずつ中身が変わってきているが、もっとも一般的な「おめでとう」は正月のあいさつである。それは、「新年、明けましておめでとうございます」と交わされるように、皆でこうして年明けを迎えることができたということを祝う言葉である。〝皆〟という単位は基本的には家族単位であり、旧年中に家族を失った人には、このあいさつは遠慮される。

つまり、そこでいう新年の「めでたさ」とは、家族が皆、旧年一年を無事に過ごすことができたという感謝と、今こうしてめでたく新年を迎えたという祝いと、どうかこの一年もまた無事に過ごすことができるようにという祈り、といった、過去・現在・将来にわたっての感謝や祝いや祈りをこめてのあいさつとして使っているということである。

この点は、他の冠・婚・祭のときも同じである。たとえば、成人式での「おめでとう」は、成人になったということ自体のお祝いとともに、よくそこまで無事に育ってきたという感謝、そして今こうしてよろこばしくも一人前になったが、どうかこれからも無事に活躍ができるように、という祈りや願いがこめられて発せられているのである。

「めでたい」とは、「しあわせ」であることへの感謝と祈りの表現なのである。

「かなしみ」について

「かなし」という感情

心理学者の河合《かわい》隼雄《はやお》は、西洋キリスト教の根本にある「原罪」（すべての人間は生まれながらにして罪を背負っている）という考え方に対して、日本人の根本には、「原悲」ともいうべき考え方があるのではないかと、こう言っている。

キリスト教は「原罪」が基本であるけれど、日本の宗教は「悲しみ」が根本になるのが多いです。……だから僕は、「原罪」に対して「原悲」があるという言い方をしています。日本のカルチャーは原罪じゃなくて、原悲から出発しているから、と言っているんです。

（河合隼雄・小川洋子『生きるとは、自分の物語をつくること』）

生きる根本に「罪」ではなく、「悲」があり、そこから日本の思想文化、宗教が始まっているのではないかというのである。そうとう大事な指摘のように思う。

やまと言葉の「かなし」については、その語源がこう説明されている。

「かなし」は、「かね」の、力及ばず、事を果し得ない感じだというところにその起源があるのではあるまいか。前に向って張りつめた切ない気持が、自分の力の限界に至って立ち止まらなければならないとき、力の不足を痛く感じながら何もすることができないでいる状態、それがカナシである。

（大野晋《すすむ》『日本語の年輪』）

何事かをなそうとして、力およばない、届かないという切なさ、大事な何ものかと別れたり、失ったりして、いかんともしがたく感ずるという意味の「かなし」は、万葉の昔から現在まで、もっとも一般的に使われてきた。

世の中はむなしきものと知る時しいよよますますかなしかりけり

（大伴旅人《おおとものたびと》、『万葉集』）

（老妻を失い）世の中とはむなしいものだと思い知るにつけ、さらにいっそう悲しくなってきてしまった。旅人の切ない挽歌《ばんか》（人の死を悲しんで歌う歌）である。

しかし同時に、この言葉は古くから、たとえば、「わがかなしと思ふむすめを」（『源氏物語』）というような、いとおしい・かわいくてたまらないといった「愛し《かな》し」という用法でも多用されていた。「愛し」もまた、「……しかね」ているあり方である。何をしても足りないほどかわいい、あるいは、どんなにかわいがっても足りないという、およばなさ・切なさである。この子はじゅうぶんかわいがったと思うならば、その子は「愛《かな》し」くはないのである（この意味の「愛《かな》し」は、「愛《いとお》し」でもある）。

さらにはまた、たとえば、「うらうらに照れる春日《はるひ》にひばりあがり心かなしもひとりし思へば（のどかに照る春の日に、ひばりが飛び上がり鳴いているのをひとりで聞いていると、もの悲しくなってくる）」（大伴家持、『万葉集』）というような、宇宙・自然の中に生きている人間存在についての、しみじみとした思いを表す用法などもあった。

これらはそれぞれ微妙に異なりつつ、それぞれの「力およばなさ」を表すものであった。が、もうひとつ、大事な用法がある。「「いたわり」について」のところでも見たが、たとえば「国の司《つかさ》、聞き見て、悲しび賑《めぐ》みて糧《かりて》を給ふ（国司が話を聞き姿を見て、「悲し」んで、食べ物を与えてやった）」（『日本霊異記』）というような「悲し」の用法で、「あわれむ」という意味である。慈悲の「悲」でもある。

このような奥行きや広がりをもっていた「かなし」という感情は、日本人の考え方や生き方を考えるうえで、きわめて大切な問題を多くふくんでいる。河合の「原悲」なる指摘のゆえんである。

表現としての「かなしみ」

具体例に即して考えてみよう。こういう歌がある。

胸にしみる空のかがやき　今日も遠くながめ涙をながす
悲しくて悲しくて　とてもやりきれない
このやるせないモヤモヤを　だれかに告げようか

白い雲は流れ流れて　今日も夢はもつれわびしくゆれる
悲しくて悲しくて　とてもやりきれない
この限りないむなしさの　救いはないだろうか

（サトウハチロー「悲しくてやりきれない」）

ここで歌われているのは、題名どおりに、また何度もくりかえされているように、「悲しくてやりきれない」ということである。「やりきれない」とは、また「やるせない」とも歌われているが、それらは、思いを「遣ることができない」「遣る瀬（場）がない」ということである。「かなしみ」をどこにも届けられない、受けとめてもらえないということである。

しかし、そうしたことを、なおこういうかたちで歌い、訴えているのであり、それはいったい誰に、また何に向かって、どういうことを期待してなされているのだろうか。「かなしみ」を〝表現する〟という問題が、そこにはある。

江戸時代の国学者・本居宣長は、こうした「かなしみ」の表現ということを主題的に考えた思想家である。宣長は、われわれは、「かなしみ」に耐えがたく「やりきれない」と思ったときには、かならずやそれを歌や言葉にして表すものであり、そのように表現することによって、ある発散があり、さらにはまた、それを人に聞かせて、「そうだよねえ、かなしいでしょ」などと共感されれば、こよなく慰められてくるし、気も晴れてくるのだと説いている。

宣長は、人が生きるにおいては、そのような、思いの受けとめ手としての他者や場がどうしても必要だと説く。そして、そうした思いへの感受性や共感力をどうもてるかが、人間としてもっとも大切なことだとも言う。「もののあはれ」を知る人とは、そうした人のことなのである。

死はひたすら「かなしめ」ばいい

宣長は、このような「もののあはれ」論の展開の後に、人は死に際しては、ただひたすら「かなしめ」ばいいという、以下のような死への態度を説いている（現代語訳）。

死を前にしてどう「安心」したらいいのかという問題は、みな疑問に思っていることだろうが、そんなものはとりたててない。なぜかというと、われわれは、神々の定めたこの世の霊妙な働きをそのまま受け入れながら、できるかぎりの努力をして世の中を渡っていく以外に仕方がないのであるから、別に「安心」などというものは必要ないのである。それなのに、死んだらどうなるか、わかりもしないことをさまざまに自分自身にいいように論じて、「安心」をこしらえようとしている。それらはみな所詮は賢《さか》しらごとにすぎない。この世に死ぬことほど「かなしい」ことはない。そのもっとも「かなしい」ことを「かなしまない」ように、いろいろと理屈をつけているのであるから、それらが真実の道ではないことは明らかであろう。（『答問録《とうもんろく》』）

これはのちに「安心なき安心」論と名づけられた重要な議論であるが、この文章で説いているのは、ふたつのことである。ひとつは、この世界は、神々がさだめた（「おのづから」の）世界としてあるから、それをそれとして受けとめて生き、死ねばいいのだということであり、もうひとつは、死ぬことはとてつもなく「かなしい」ことだから、「かなしむ」以外にないということである。
そのふたつのことが別々のことではないということが、この考え方の肝心なところである。つまり、「かなしむ」以外にないことをきちんと「かなしむ」ことが、結局は、この世の仕組みをそうさだめた神々の（「おのづから」の）働きに従うことになる。だから、そこにこそ根本的な「安心」が得られてくるというのである。

「悲しみの復権」
金子大栄《だいえい》という仏教思想家は、こう述べている。

なぜもっと日本人は悲しまないのであろうか。今日、日本人としてほんとうに欠乏していることといえば、悲しむということではないであろうか。私はこう考えたいのであります。われわれはこの悲しみの心においてのみ、仏の心を感ずることができるのであります。われわれはほんとうに悲しむことができなければならない。悲しみは慈悲を感じる機縁となりましょう。悲しみの底に仏の心というものを知ることができるように思うのであります。
（『私の人生観』）

「かなしみ」は、それを「かなしむ」ことにおいて、「仏の心を感ずることができる」のであり、それはやがて仏の大いなる慈悲におさめ取られていくものだというのである。近代になって、泣くな、「かなしむ」な、とばかり言われてきたが、大事なことは、むしろ、きちんと泣き、「かなしむ」

ことなのである。

ノンフィクション作家の柳田邦男さんも、「悲しみの感情や涙は、実は心を耕し、他者への理解を深め、すがすがしく明日を生きるエネルギー源となるものなのだと、私は様々な出会いのなかで感じる。……二十一世紀を人間と社会の真の成熟を目指す世紀にするには、「悲しみ」の感情を教育の場でも社会的にも正当な位置に復権させることが必要だと、私は考えている」と述べている（「「悲しみ」の復権」）。

「復権」ということは、かつてはそうであったが今はそうでないということを意味している。「かなしみ」とは、本来そうしたエネルギーや力をもった感情なのである。日本人の心根には、このような「原悲」という考え方が根づいている。

「あわれ」について

現代語の「あわれ」の意味

「人みな我をふくめてあはれなり」（作者未詳）という句がある。「人間というのはみんな自分をふくめてあわれだなあ」という、さまざまなことを考えさせる喚起力のある句であるが、「あはれ」という言葉の意味内容によって受けとめ方は大きく違ってくる。

現代語においてはやや限定的に使われているが、もともと感動詞でもあり、万葉の昔から多用されてきたこの言葉は、より広く深く多義的な意味で使われてきた言葉である。こうした「あわれ」ということについて考えてみよう。

まずは現代日本語としての「あわれ」の用法について確認をしておこう。辞書では、こう説明されている。

あわれ
①ものに対して感じるしみじみとした趣。②人生や人の世に対して感じるはかなさや無常。③気の毒だ、かわいそうだと思う気持ち。④情趣や人の心を解しないことをさげすんで言う。

（『明鏡国語辞典』）

①は「秋の夕暮れにあわれを催す」「旅のあわれが身に染みる」などと、「対象が美的な感動を誘うものとみなして」使われるもので、古来「もののあはれ」と言われてきたものの延長である。また、②は無常観を表す言葉で、「人の世のあわれが身に染みる」などと使われている。

③は「不幸な身の上が人のあわれを誘う」「あわれな身なりが胸を打つ」などと、他者に対しての憐れみ・同情の気持ちを表している。また、④は「仲間を裏切るとはあわれなやつだ」などと、軽蔑の念をこめた言葉である。③と④では、同じ憐れみであっても、プラスの同情とマイナスの蔑み《さげすみ》という、方向性の逆な意味内容になっている。

「あはれ」の由来と変容

もともと「あはれ」という言葉は、「ああ・はれ」が約《つづ》まった言葉であり、「ああ」も「はれ」も、ともに間投詞・感動詞である。ものごとにふれて「ああ」と感ずること、「はれ」と思うこと、それらはすべて「あはれ」ということである（『岩波古語辞典』）。つまり、うれしいことでもおかしいことでも楽しいことでも、ああ、うれしいなあ、楽しいなあ、と感ずれば、それは「あはれ」なのである。ときに、見事なもの・立派なことに対して「あっぱれ」と賞することがあるが、この「あっぱれ」も「あはれ」と同じ言葉であった。

前項でも見た本居宣長は、こうした「あはれ」に着目して、有名な「もののあはれ」論を展開している。世の中のありとあらゆることには、このような「あはれ」を催させる趣があるのだから、それをそれとしてきちんとわきまえ知って、受けとめ対処できることが、人間としてもっとも大切なことだというのである。

「あはれ」とは、本来このような広がりをもつ言葉として使われていたのであるが、宣長の時代でもすでに、現代語の②③と同様に、「あわれを誘う」とか「あわれな身なり」といった、より限定された意味の言葉として使われるようになってきていた。その理由を、宣長はこう考えている。

おかしき事、うれしき事などには感《うご》く事浅し、かなしき事、こひしき事などには感くこと深し。故にその深く感ずるかたを、とりわきてあはれといふ事あるなり。（『石上私淑言《いそのかみささめごと》』）

つまり、おかしいことや、うれしいことなど、こうしたい、こうなりたいという思いとうまく合ったときの心の動きはあまり深くはない。それに対して、かなしいことや、こいしいことなど、こうしたい、こうなりたいと思うのに、そうできない、かなわないときの方が、ずっと深く心が動かされる。そこでとくに、その深く感じる「かなしみ」系統の感情の方を、とりわけて「あはれ」というようになったのだ、と。「かなし」という言葉が、もともとは、広く「感動の最も切なる場合」に使われていたのが、だんだんと悲哀系統に限定されてきたのも同じような事情である。

以上のようなことも合わせて、宣長の「もののあはれ」論において肝要なことは、「あはれ」という感情は、それを通して、他の何ものかにつながりうるものとして捉えられていたということであろう。

それはまず、「ああ」と嘆いている本人の「あはれ」な思いは、その表現・対応を通してほかの人に伝わり、その人たちも「ああ」と感じてくれるならば、その共感・同情において、当人の「あはれ」な事態は、かろうじて踏みこたえることができるということである。

もうひとつは、「あはれ」は、それを「あはれ」と受けとめ、「あはれ」と表現することにおいて、われわれには不可知であるが、しかしたしかに働いている神々の「妙」なる働きに従うことになるという考え方である。国学者であった宣長は、その働きを「神々」の働きと言ったが、それはあるいは、お天道様であったり、阿弥陀如来であったり、良き運や縁であったりすることもある。つまりは、初詣で手を合わせている何かしらの超越的な「おのずから」の働きのことである。

能「隅田川」の「あはれ」

宣長は、とくに『源氏物語』を材料に、こうした「あはれ」を論じているのであるが、それは、日本の物語や歌、説話・文芸などの大事な主題のひとつであった。能という芸能においても、また同様である。

ここでは、「隅田川」を取りあげてその「あはれ」について考えてみよう。「隅田川」は、世阿弥の長男であった観世元雅《かんぜもとまさ》の名作であるが、およそ、以下のような話である。

――隅田川の渡し場で船頭（ワキ）が船を出そうとしていると、息子を捜して都から旅をしているという狂女（シテ）がやってくる。船頭は狂女に、船に乗りたければ面白く狂って見せろと言う。

女は古歌を引きながら舞い興じてみせ、船に乗せてもらう。船をこぎながら船頭は、去年この地で起きた、都から誘拐されてきた子が亡くなったという「あはれなる物語」をする。その子が女の息子であった。皆でその墓に行き、ともどもに懸命に念仏する。と、念仏の声に混じって死んだ子の声が聞こえ、その子の亡霊が幻に現れる。母はわが子を抱きしめようとするが、手をすり抜けて消えてしまい、やがて夜明けてみると、ただ草茫々の浅茅《あさじ》が原となっていた。「浅茅が原と、なるこそあはれなりけれ、なるこそあはれなりけれ」。

まず、一人子を求めて気の狂った母親の「物狂い」である。その母親に渡し守は、「都の人といひ狂人といひ、面白う狂うて見せ候へ。狂はずはこの舟には乗せまじいぞとよ（乗せまいぞ）」と言う。「面白く狂ってみせろ」とは、とても現代語の語感から追いつかない発想であるが、当時においても、ふつうの物言いではない。

が、「物狂い」という言葉には、「ものが憑《つ》くこと」「正気でなくなること」のほかに、「能・狂言で、子どもや夫・妻を失うなど、精神的打撃により一時的に興奮状態となって、歌舞・物まね芸を演じること。また、その人」という用法がある（『日本国語大辞典』）。つまり、当時には、ある種、何らかの苦難で精神に変調をきたした人々が、その「物狂い」ゆえの歌舞芸を披露し、それへの投げ銭で身を生きながらえることがあったということである（昭和の後半まで、お祭りの見世物小屋で、「親の因果《いんが》が子にたたり……」などと称して、身体の不幸を見世物にしていたことも思い合わされる）。

ともあれ、そうした「あはれ」な旅路のはてに、子の墓にたどり着き、最初は墓を掘り起こさんばかりに泣きくずれていた母も、「他の人はともあれ、母親こそが弔《とむら》わねば」と言われ、泣くのやめて、声を澄まし一心に念仏を唱える。そこにいた人も皆、また「隅田川原の、波風」も「都鳥《みやこどり》も音《ね》を添へて」唱和すると、そのなかに、子どもの「南無阿弥陀仏、南無阿弥陀仏」という声が聞こえてくる。

子方　南無阿弥陀仏、南無阿弥陀仏と、
地謡　声のうちより、幻に見えければ、
シテ　あれはわが子か。
子方　母にてましますかと、

声とともに「幻」が現れ、「わが子か」「母にてましますか」と言葉を交《か》わす。さらに、「互に手に手を取り交《かは》」そうとするが、また消え消えとなり、「面影も幻も、見えつ隠れつするほどに」、やがてほのぼのと夜明けてみれば、みな跡かたもなく、ただ草茫々の、ただ墓のしるしばかり残された「浅茅が原と、なるこそあはれなりけれ、なるこそあはれなりけれ」――。

「空即是色」の彩りとしての「あはれ」

一般に能において、シテのどれほど「あはれ」な思いも、最後、「すさましき夜嵐の、音に立ち紛れ失せにけり」(「黒塚」)、「夢も跡なく夜も明けて、村雨と聞きしも今朝見れば、松風ばかりや残るらん」(「松風」)といったかたちで終わるのは、よく見られる趣向である。それもこれも、大いなる宇宙の中で起きた、取るに足らないほんの小さな出来事であったかのように。そこでの「ああ」という思いが「あはれ」なのである。

しかしまた、それがこうして、行方の知れなかった息子と再会できたことで――それは、母の「あはれ」に同情した人々や、波風や都鳥など自然界もふくめての感応においてはじめて実現したことであるが――、あらためて感じ取られた「いとおしみ」としての「ああ」でもあるだろう。もう一目「見見《みみ》えもし（相手を見、相手にも見られた）」（「見見ゆ」、『広辞苑』）という別れの有無によって、残される思いは決定的に違ってくる。

愛している人と離別する苦しみ（愛別離苦《あいべつりく》）は、誰にも避けようのない無常・空でのことである。無常・空とは、仏教の教えでいえば、まず「色即是空（あらゆる形あるものは空である、空になる）」という認識であるが、仏教の一等肝心なところは、「色即是空」でありつつ、なお「空即是色（空ではあるが、そのままに現実に生き生きとした色としてある、あった）」と教えるところにある。

「あはれ」とは、そうした「空即是色」の「色」の彩《いろど》りのことであり、かけがえのなさとしての「ああ」という感動のことであると解することができよう。死者も生者も、そのわずかな彩り、感動をひしと抱いてかみしめるほかない。それはかならずしも否定的な嘆息ではない。志賀直哉《しがなおや》の言い方を借りれば、「（われわれは皆、大河の一滴に過ぎず、二度と生まれては来ないのだが）それで差《さ》し支《つか》えないのだ」（「ナイルの水の一滴」）といった再確認を肯《うべな》うところのものである。「人みな我をふくめてあはれなり」は、そうした含意で受けとめることもできるように思う。

「どうせ」について

「どうせ」は、結果の先取り思考

「どうせ」という言葉は、現代でも、ごくふつうの日常語として用いられている。「どうせ、間に合わない」「どうせ、別れる」「どうせ、雨降りだ」「どうせ、私なんか下っ端だから」——。そこには、日本人の無常観に基づいた、ある独自なニュアンスをふくんだ考え方・感じ方の傾向を見てとることができる。こうした「どうせ」について、「いっそ」「せめて」「せっかく」などの類義語とともに考えてみよう。

「どうせ」とは、語源的には、副詞「どう」に、動詞「す」の命令形「せよ」の「せ」が付いたもので、「どのようにしたところで」の意味であり、「いずれにしても。つまりは。所詮《しょせん》」といった語義を持つ言葉である（『広辞苑』）。

つまり、「どうせ」とは、結果や結論の先取り思考であって、まだその時点、状況になっていないにもかかわらず、その間をはしょって先取りしてしまう考え方・感じ方のことである。「どのようにしたところで」そのような結果・結論になると、「今、ここ」において感受する発想である。

『古今和歌集』に、こういう歌がある。

ちはやぶる神なび山のもみぢ葉に思ひはかけじ移《うつ》ろふものを
（詠み人知らず）

歌人は、「今、ここ」では、真っ赤にもえたつ紅葉を目の前にしている。しかしそれらを眺めながら、いやいや、それに思いはかけまい、どんなに思いをかけても、いずれは「どうせ」移ろい散ってしまうのだから、と嘆いてみせているのである。

『広辞苑』では、さきの語義説明に、「断定的な気持または投げやりな気持を伴う」とのコメントが付されているが、そこには、ある種独特な感傷（センチメンタリズム）が混じっている。

おれは河原の枯《か》れすすき　同じお前も枯れすすき
どうせ二人はこの世では　花の咲かない枯れすすき
（野口雨情「船頭小唄」）

森本哲郎『日本語　表と裏』は、この「どうせ」と諦める、その諦め方には、「ささやかな、あるいは甘美な自己満足」すら読み取れると指摘している。

川端康成『雪国』に、女主人公・駒子の、「あの子があんたの傍《そば》で可愛《かわい》がられてると思って、私はこの山のなかで身を持ち崩すの。しいんといい気持」というせりふがあるが、ここにもまた「どうせ私なんか」という、過激な、しかしある種「甘美」な自己憐憫をうかがうことができるだろう。

それは、悲しみや諦めをまぎらわしたり忘れたりするというのではない。むしろ反対にこれらの感情をいっそう深め、純粋化し、極限化することによって、（どのようにしたところで、私なんかこうなるのだと）最悪の想定をしながら、ありえない期待を断念して、心の動揺を収めようとしているのである（見田宗介『近代日本の心情の歴史』）。が、と同時に、つねにどれほどかの拗《す》ねやひがみとして、いずれはきっと私のことに気がつく、誰かがわかってくれるはずだ、といったような「甘え」を潜ませているのでもある。

批判されるべき「どうせ」

こうした「どうせ」という言い方・捉え方は、あるいは、「人間の可能性に蓋をし、私たち一人ひとりが誰しも持っている成長の扉を閉ざしてしまう」ものだ、とも批判される。

——業績が悪く、元気がない会社には、「どうせ、こんなことを上司に言ったって……」「どうせ、自分の部署は……」「どうせ、うちの会社は……」といった会話が、社員の間に蔓延している、と（小城武彦「この国から、魔の三文字「どうせ」を追放するために」）。

さきの森本『日本語　表と裏』の指摘も、基本的に同じ批判であろう。そこでの「どうせ」は、ありえるであろう異なる状況や可能性を排除して、最初から「宿命的にそう決まっており、それ以外に選択の余地は無いことを表わす」（『新明解国語辞典』）言葉として使われているからである。

名越康文『どうせ死ぬのになぜ生きるのか』では、〈どうせ死ぬ〉は、まさに「宿命的にそう決まっており、それ以外に選択の余地は無いことを表わ」している。その意味で〈どうせ死ぬ〉は、まごうことない「真理」であるにしても、それを「どうせ」と捉える、その捉え方に問題があると、次のように指摘している。

――「どうせ」という捉え方には、あまりに目的や結果だけを求めすぎるという「思考の罠《わな》」のようなものが隠れている。そうした目的至上主義の人生は、未来の目的や結果のために「今、ここ」を犠牲にしてしまっている。一回かぎりの人生においては、「今、ここ」を、いかに充実して生きるかにかかっているのだ、と。

可能性を開く「どうせ」

以上のような「どうせ」という言い方・考え方に対する批判は、基本的にそのとおりだと思われるが、しかし、「どうせ」には、それだけで切り捨ててしまうわけにはいかない面もある。以下、そうした点について考えてみよう。

「どうせ」を「宿命的にそう決まっており、それ以外に選択の余地は無いことを表わす」言葉とした『新明解国語辞典』では、これは、「多く、あわてたり特に構えたりするには及ばないという気持で使われる」というコメントが付されている。ここには、さきに見た『広辞苑』の「断定的な気持または投げやりな気持を伴う」というコメントとはいささか異なるニュアンスがある。

こうした一例として、福沢諭吉の「人間の安心」という周知の議論を取りあげてみよう。

――宇宙から見れば、人間などという生き物は「無知無力見る影もなき蛆虫《うじむし》同様の小動物」であって、ほんのわずか、偶然この世に生まれ、「喜怒哀楽の一夢中、忽《たちま》ち消えて痕《あと》なきのみ（夢のごとき人生を送り、たちまち死に消え去って何らの痕跡も残さない）」といったごときの存在である。しかしむしろ、そうであるからこそ、そこで、安気・安心して、また、自由・活潑《かっぱつ》にこの世を渡ることもできるのだ、と福沢は述べている（『福翁百話』）。

その安心論は、「本来無一物の安心（もともと一物も持って生まれたわけでもなく、一物を持っても死んで行けない）」とも言い換えられており、それはまさに、われわれの死－生を「どうせ」と腹を括《くく》って受けとめる覚悟において可能になってくるものである。『新明解国語辞典』の、「多く、あわてたり特に構えたりするには及ばないという気持で使われる」というコメントに近い受けとめ方であろう。

『大辞林』では、「どうせ」は、「①ある状態や結果を、初めから定まったものとして認める気持ちを表す」という意味と同時に、「②ある事態を受け入れるしかないのなら、むしろその機会を積極的に利用しようとするさま。いっそ」という意味を載せ、「どうせ作るならいいものを作ろう」「どうせなら三人分作ろう」「どうせのことだから、頂上まで行ってみよう」といった語例を挙げている。

この②での「どうせ」は、「人間の可能性に蓋をし、成長の扉を閉ざしてしまう」質のものでなければ、目的至上主義のそれでもない。むしろ、ある可能性の扉を開くものであり、「今、ここ」の充実を期するものである。それは、滅多に得られない、この機会を大切にしようという「せっかく」という意味に近い。

さらに「どうせ」には、この②の説明にあった「いっそ」という考え方がふくまれている。「どうせのことだから、頂上まで行ってみよう」とは、「どうせ」登るのであれば、「いっそ」のこと「頂上まで行ってみよう」ということである。

「いっそ」とは、「いっそう（一層）の変化した語か。あれこれと考えた末、それらとは一段違ったことを思い切って選ぶ気持を表わす。思い切って」と説明される言葉である（『日本国語大辞典』）。つまり、「どうせ」と認識された事態を、さらに「いっそう」推し進めようとすることが「いっそ」ということなのである。

そこでは、「どうせ」駄目になる、ならば「いっそ」壊してやれ、「どうせ」別れる、ならば「いっそ」こっちから振ってやれ、といったように「投げやり」にネガティブになることもあれば、「どうせ」行くなら頂上まで、とか、「どうせ」車を買うなら一等いいものを、といったように「せっかく」だからとポジティブになることもあるのである。

「どうせ」「いっそ」「せめて」「せっかく」

『閑吟集《かんぎんしゅう》』に、こういう有名な小歌がある。

何せうぞ、くすんで　一期《いちご》は夢よ、ただ狂へ

何をしようというのか、まじめくさって、この一生は「どうせ」夢、ならば、「いっそ」遊び狂え、と。ここには、「遊びをせんとや生まれけむ　戯《たはぶ》れせんとや生まれけむ」（『梁塵秘抄《りょうじんひしょう》』）や、幕末の「ええじゃないか　ええじゃないか」、また「どうせ阿呆《あほ》なら踊らにゃ損損《そんそん》」といった言い方などにも共通の、「投げやり」でもありつつ「せっかく」だからという思いもあるだろう。

また、『閑吟集』には、こういう小歌もある。

ただ人は情《なさけ》あれ　朝顔の花の上なる露の世に

「どうせ」この世は夢、という前提の認識は同じである。しかしここでは、ならばこそ「せめて」、「情けあれ」というのである。「せめて」とは、「動詞「せむ（迫）」「せめる（責）」の連用形に助詞「て」が付いてできたもの」で、「最小限これだけは実現してほしかった、実現してほしい、という話し手の気持を表わす」と説明される言葉である（『日本国語大辞典』）。「せめてもの思い」の「せめて」である。

「どうせ」という思いを受けて「いっそ」と出るか、あるいは、「せめて」「せっかく」と受けとめるか、その微妙な「あわい（間）」におけるさまざまな思い、とくに男と女の間のさまざまに揺れ動く思いが、ここには歌われている。

来《こ》ぬも可なり　夢の間の　露の身の　逢《あ》ふとも宵《よひ》の稲妻《いなづま》

——あなた、来なくてけっこうよ。夢の間の露のようなはかない身、「どうせ」逢ったところで、宵の稲妻のように短い逢瀬《おうせ》なんだから。

来ない男を待っている女のつぶやきともいうべき歌である。来なくてもどうってことない、「どうせ」夢、と自分に言いきかせている。が、言葉のうえではそう言いながら、しかし、本心で願われているのは、そうだからこそ「せめて」来てもらいたい、今日だけは来てほしいという思いだろう。「どうせ」「いっそ」「せめて」「せっかく」が、ない交《ま》ぜに歌われている。

もう一例だけ、現代から同じような用法を（北野武「ビートたけしの名言 ウェブ石碑」）。

どうせ死ぬんだから、せめて生きている間は楽をしよう、という考えは僕の場合逆でさ、どうせ死ぬとき楽になるんだから生きている間はとことん辛《つら》く生きよう、というのが僕の考え。

「ゆめ」について

「夢」の多義性

「ゆめ（夢）」という言葉は、むろん日本語のみならず、世界のどの民族にも、もっとも古い部類の言葉として使われており、さまざまにゆたかな意味内容がふくまれている。

日本語「ゆめ」は、辞書では、以下のように説明されている。

ゆめ

（イメ（寝目）の転）①睡眠中に持つ幻覚。ふつう目覚めた後に意識される。多く視覚的な性質を帯びるが、聴覚・味覚・運動感覚に関係するものもある。……②はかない、頼みがたいもののたとえ。夢幻。③空想的な願望。心のまよい。迷夢。④将来実現したい願い。理想。

（『広辞苑』）

「ゆめ（夢）」とは「イメ（寝目）」＝「眠っていて見るもの」（『岩波古語辞典』）から転じた言葉である。①睡眠中に持つ幻覚が基礎で、②〜④はその、いわば譬喩的用法である。②は、現実でないから、覚めてしまえばみな消えてしまうはかないものである（あとでくわしく述べる）。③は、夢のなかでしか可能でないような思い、願い、また、迷いである（「成功すれば億万長者も夢ではない」「今度の失敗で夢から覚めた」）。④は、まだ現実ではないが、実現したい希望である（「弁護士になるのが僕の夢だ」）。現代においては、この④の意味での使い方が相当数をしめるが、この意味での使い方は、西洋語dream（ドリーム）の翻訳的な用法で、日本人がこの意味で夢を使うのは明治中期以降である。

夢のリアリティと神秘性

言葉の語義としては表に出ていないが、夢ということでは重要な補足をしておけば、以下の二点がある。

(1)非現実的な内容である場合が多いが、夢を見ている当人には切迫した現実性を帯びている。
（『大辞林』）

(2)予兆として神秘的に解釈され、信じられることが多かった。
（『岩波古語辞典』）

(1)から見ておくと、夢自体に、目覚めているときの現実性とは異なる、より「切迫した現実性」が感じとられることがある。夢での経験の方が、ずっと生々しく、色濃く、切実に感じられるということである。たとえば、『万葉集』に、こういう歌がある。

思はぬに妹《いも》が笑《えま》ひを夢に見て心のうちに燃えつつぞ居《を》る　（大伴家持）

——思いがけずあなたの笑顔を夢に見て心の中に恋の炎が燃えはじめているよ。

万葉人は、夢で「あなた」を見るのは、「あなた」が私を思っているからだと考えていた。また、たとえば、江戸川乱歩の、こういう考え方。

うつし世はゆめ　よるの夢こそまこと

——現実と思い込んでいるのは夢、夜にみる夢の方が真実。これもまた、現実より夢にいっそうのリアリティを感ずるという、われわれの思いをふまえた言葉であろう。

(2)は、(1)とも関連するが、夢が現実を超えた不思議な世界との通路・媒体であるという考え方である。それは、むろん、日本にかぎってのことではない。「多くの文化に共通する夢観念として次の二つがある。すなわち、一つは夢を睡眠中に肉体から遊離した霊魂の経験であるとする観念であり、他は夢を神のお告げであるとする観念である」（上田紀行「夢の民俗」）。

日本の古い神話や物語にも、こうした夢の話はそれぞれの物語に大事なポイントとしてあれこれに語られている。ユングらの精神分析的な考え方でいえば、夢は、意識的な理解よりも深い智慧を表す能力があるのであって、人間の無意識のさらに深いところには全人類に共有されている集合的な無意識があり、それが夢というかたちをとって現れるということでもある。

「ありてなければ」――夢か現か

以上のことを確認したうえで、日本人の夢の受けとめ方で際立った特徴をもつ③「はかない、頼みがたいもののたとえ。夢幻」という受けとめ方について見ておこう。三木清が、「人生は夢であるといふことを誰が感じなかつたであらうか。それは単なる比喩ではない、それは実感である。この実感の根拠が明かにされねばならぬ」（『人生論ノート』）と述べていたようなことがらである。

夢よりもはかなき世の中を、嘆きわびつつ明かし暮らすほどに……　（『和泉式部日記』）

――夢よりもはかないこの世の中を嘆きわびているうちに……

世の中を　夢と見る見る　はかなくも　なほおどろかぬ　わが心かな　（西行『山家集』）

――世の中を夢と見、はかないと思いながらも、なお目を覚ますことがない我が心よ。

露とおき露と消えゆくわが身かな浪速《なにわ》のことは夢のまた夢　（豊臣秀吉）

――露がおりその露が消えていくようなはかない我が身よ、浪速で戦い続けたことは夢のまた夢であった。

悟りても死《しに》、迷ふても死《しぬ》。扨《さて》も死《しぬ》る哉。……何もかも益《やく》にたゝず、夢の中のたはぶれ也。

――悟っても死ぬし、迷っても死ぬ。さても死ぬものだ。……何もかも益にたたない夢の中のたわぶれである。
（山本常朝『葉隠』）

それこそ、時代を選ぶことなく、いつの時代にも見いだされる「人生は夢であるといふ」実感である。また、何よりなじみ深いものに、次の歌が挙げられる。

色は匂へど散りぬるを　わが世誰ぞ常ならむ
有為《うゐ》の奥山今日こえて　浅き夢みじ酔《ゑ》ひもせず

――匂うがごとく咲き誇っている花も、やがては散ってしまう。この世で一体何がいつまでも変わらずにありえようか。この無常の有為転変の迷いの奥山を今日こそ乗り越えて行こう。浅い夢なんか見ていないで、酔っぱらってなんかいないで。

いうまでもなく「いろは歌」である。平安後期につくられたこうした手習い歌が、一国の〝アルファベット〟としてずっと親しまれているのであり、こうしたところにも、この世に生きることは浅い夢を見ているようなものだ、という思いがいかに深く染みこんでいるかがうかがえる。

もうひとつだけ、次の歌を挙げておこう。

世の中は夢か現《うつつ》か現とも夢とも知らずありてなければ

（詠み人知らず、『古今和歌集』）

――この世の中は夢なのか現実なのか、私には現実とも夢ともよくわからない。なぜならばそれはあるけれどないものだから。

問題は、ひとえに、最後の「ありてなければ」である。この世の中、あるいは、男女の仲（当時、平安女流文学において「世の中」という言葉は、男女の仲という意味合いでも使われていた）というものが、今たしかに「ある」ということを自分は知っている。しかしそれは同時に、いつか「なくなる」こと、あるいは、もともとは「なかった」ものだということも知っている。「ありてなければ」とは、そうした、「有‐無」の微妙な認識である。「有る」は「有る」でありながら、いわば「無い」に足下をすくわれている。

「この世は夢」をどう生きるか

こうした「この世は夢」という受けとめ方をしてきた日本人は、ならば、それをどう受けとめ、生きてきたのだろうか。すこし図式的になるが、大別すれば、以下の三つのタイプの志向に分けて考えることができる。

①夢の外へ　この世は夢、だが夢ならぬ外の世界があり、そこへと目覚めていく。
②夢の内へ　この世は夢、ならば、さらにその内へと、いわば夢中にのめり込んでいく。

料金受取人払郵便

本郷局承認

6213

差出有効期間
2025年8月31日
まで

郵便はがき

113-8790

408

(受取人)
東京都文京区本郷1・28・36

株式会社 ぺりかん社

営業部行

購入申込書

※当社刊行物のご注文にご利用ください

書名		定価［　　　円+税］ 部数［　　　部］
書名		定価［　　　円+税］ 部数［　　　部］
書名		定価［　　　円+税］ 部数［　　　部］

●購入方法をお選び下さい（□にチェック）	□直接購入（代金引き換えとなります。送料+代引手数料で900円+税が別途かかります） ※送料は改定となる場合がございます □書店経由（本状を書店にお渡し下さるか、下欄に書店ご指定の上、ご投函下さい）	番線印（書店使用欄）
書店名		
書店所在地		

書店各位：本状でお申込みがございましたら、番線印を押印の上ご投函下さい

読者カード

※ご購読ありがとうございました。今後、出版のご案内をさせていただきますので、各欄にご記入の上、お送り下さい。

本書を何によってお知りになりましたか

□書店で見て　□広告を見て［媒体　］　□書評を見て［媒体　］
□人に勧められて　□DMで　□テキスト・参考書で　□インターネットで
□その他［　］

ご購読の新聞［　］
雑誌［　］

図書目録をお送りします　□要　□不要

関心のある分野・テーマ

［　］

本書へのご意見および、今後の出版希望（テーマ・著者名）など、お聞かせ下さい

ふりがな	性別	□男　□女	年齢　歳
	所属学会など		
職業・学校名	部署・学部		
	電話	(　)	
〒［　－　］			
書店名	市・区 町・村	書店	

お客さまの個人情報を、出版案内及び商品開発以外の目的で使用することはございません。

③夢と現のあわいへ　この世は夢か現か、その「ありてなき」がごとき生をそれとして生きようとする。

①は、「いろは歌」、またその背景にある浄土教思想などに典型的に見られるものである。「浅き夢」のごときこの世の外に、あの世（彼岸世界）を思い描き、そこへと目覚めて往《い》こうとする考え方である（往生とは、あの世に往って生まれること）。

また、②は、この世が「浅き夢」であるならば、その「浅さ」がまずいのであって、むしろそれをさらに、いわば「深き夢」「濃《こ》き夢」へと仕立て上げのめり込んでいこうとする考え方である。夢は覚めるから夢なのであり、覚めなければ夢ではない。夢中という言葉があるが、まさに、いわば“夢中”になる志向である。「一期は夢よ　ただ狂へ」（『閑吟集』）とか、「誠に纔《わずか》の一生也。只々無二無三が能《よ》き也（ただただ無二無三にやることがよい）」（『葉隠』）といった考え方などに典型的に見られるものである。

そして③は、「夢の外へ」と目覚めようとすることでもなければ、「夢の内へ」と没入しようとするのでもなく、「ある」けれども「ない」、「ない」けれども「ある」というあり方を自覚的に引き受けて生きようとする方向である。「世は定めなきこそいみじけれ（この世はさだめがないからこそ、面白いのだ）」と、変わる無常世界をそれとして楽しもうとした『徒然草』などに典型的に見られるものである。

いうまでもなく、図式の分け方などは便宜的なものにすぎない。ほんとうに大切な問題は、われわれひとりひとりが、みずからの「ありてなければ」の「はかなさ」に、どう向き合い、それをどうふまえて生きるかである。言い換えればそれは、「色即是空　空即是色」を、どう納得いくものとして理解するか、ということでもあるだろう。

Ⅲ　「ただしさ」と「つよさ（よわさ）」

「いさぎよさ」について

清らかさとしての「いさぎよさ」

日本人にとって、ある人がその身の処し方において「いさぎよい」か「いさぎよくないか」は、評価としてそうとうに大きなウエートをしめている。「卑怯な点や未練がましいところがなく立派である」という意味でふつうに使われているこの言葉は、外国語にはそのままでは訳しにくい（ちなみに、英和辞典で「いさぎよい」は、"manly" "sportsmanlike" "graceful" 等々と訳されており、それぞれ部分的には当てはまるが、ぴったりとは言いがたい）。昔から日本人には、武士道をはじめとして、とりわけ称揚されてきた、こうした「いさぎよさ」について考えてみよう。

この言葉は古代から使われてきたが、かつては、人の心のなかの様子以前に、自然風物の様子を表す言葉であった。たとえば、

- 淵《ふち》の水、いさぎよし。願はくは共に游泳《ゆあみ》せむ……　（『日本書紀』）
- 瑠璃《るり》の浄土は潔《いさぎよ》し　月の光はさやかにて……　（『梁塵秘抄』）
- げにいさぎよき山の井の、底澄みわたるさざれ石の……　（謡曲「養老」）

等々の「いさぎよし」は、水や月、空などが濁りなく澄み切っているという意味で使われている。それが同時に、人の心のなかの形容にも用いられてきた。「汲《く》むや心もいさぎよき賀茂の河瀬の水上は」（謡曲「矢立鴨《やたてがも》」）とは、上流の水を汲んで飲むと、心も「いさぎよく」（澄んで清らかに）なるというのであり、「汝は盗人なれども賢者なり。心の底、いさぎよし」（『発心集《ほっしんしゅう》』）とは、心（の底）の清廉潔白なあり方の表現として使われている。

江戸時代の初めに成立した、日本語からポルトガル語への翻訳辞書である『日葡辞書《にっぽじしょ》』では、「isaguiyoi（イサギヨイ）ヒト」は、「純粋で清い人」と訳されている。また、「いさぎよい」の、もっともポピュラーな漢字は「潔」である（『大漢和辞典』には「いさぎよい」に、屑・廉・潔……など一四字の漢字が挙げられている）が、この漢字は、たとえば、「清潔」「純潔」「不潔」「高潔」「潔白」等々といった、もっぱら心身の清くけがれのないあり方を意味している。

倫理学者の和辻哲郎も指摘しているように、道徳的に悪いことを「きたない」と表現し、善いことを「きれい」とも表現してきた日本人は、古来、心が純粋で清いことを尊び、暗く濁ることを嫌ってきた。われわれは、ごくふつうに「すまない」と謝るが、それは、このままでは「清《す》まない・澄《す》まない」という表明である。「いさぎよさ」もまた、こうした、清み・澄むことを尊ぶ清明心、正直、誠といった、何より心情の純粋性を重んじる伝統的な道徳観に属するものである。

「未練がない」心の態度

「いさぎよい」は、辞書的には、こう説明されている。

いさぎよい

①たいそう清い。汚れがない。また、すがすがしい。②潔白である。汚れた行いがない。③未練がない。わるびれない。平気である。④小気味よい。 （『広辞苑』）

『広辞苑』は、編纂《へんさん》方針で、古い用法から順に載せてある。この言葉は、もともと「①たいそう清い」「②潔白である」の意味で使われてきたが、中世以降、現代にいたるまで、この「いさぎよい」という言葉のもっとも大切な用法は、「③未練がない。わるびれない。平気である」である（「④小気味よい」は、①②のような「清く、すがすがしい」ことの延長である）。

「いさぎよく責任をとる」「引き際がいさぎよかった」「負けたのにいさぎよくない」等々と、いずれの場合にも、自分にとっては不利で好ましくない状況であるにもかかわらず、それを「未練なく、わるびれず、平気」に引き受け、やってのける態度のことである。それは、とりわけ、死という極限の事態の引き受け方としても使われてきた。

たとえば、『徒然草』で、こう使われている。

梵論《ぼろ》梵論《ぼろ》と言ふもの、……放逸無慚《ほういつむざん》の有様なれども、死を軽くして、少しも泥《なづ》まざる方《かた》の潔よく覚えて、人の語りしままに書き付け侍《はべ》るなり。 （一一五段）

――「ぼろぼろ」（虚無僧《こむそう》の原初形態とも言われる）というものは、……勝手気ままで恥知らずのありさまであるが、死を軽く見て、すこしも生に執着しないあり方が「いさぎよく」思われて、人が語った話をそのままここに書きつけたのである。

これは、ある念仏会で出会った「ぼろぼろ」同士が因縁あって決闘することになったが、すこしも場を乱すことなく、さっと河原に出て行って、「心行くばかりに（刀で）貫《つらぬ》き合ひて、共に死ににけり」というありさまが「いさぎよく」思われたのである。

「未練がない」と「未練がましくない」

もともと、清く澄んでいるという言葉であった「いさぎよし」は、未練や執着、こだわりといった夾雑物《きょうざつぶつ》のない心情のあり方であり、この「ぼろぼろ」たちのふるまいは、まさに「未練がない、わるびれない、平気である」と評される態度であろう。しかし、実際には、とりわけ死を前にしては、こうした、まったく「未練がない、わるびれない、平気である」ことはむずかしいし、また現実的ではない。

そこには、つねにどれほどかは未練があり、執着やこだわりがあるのであり、「いさぎよい」という態度の肝心なところは、そのことを前提に、それらを払い捨てて処断するところにこそある。

近松門左衛門《ちかまつもんざえもん》『曽根崎心中《そねざきしんじゅう》』に、こういう一節がある。

今はの時の苦患《くげん》にて、死に姿見苦しと、言はれんも口惜《くちお》しし。この二本《ふたもと》の連理《れんり》の木に、身体《からだ》をきつとゆひつけ、いさぎよう死ぬまいか。世にたぐひなき死にやうの、手本とならん。
――今際《いまわ》のときの苦しさで、死に姿が見苦しいと言われるのもくやしい。この二本が取っ付いた連理の木に、身体をきつく結びつけ、「いさぎよく」死のうではないか。世に例がないほどの死に様の手本となろう。

未練、こだわりがないわけではない。それが表れ出て、死に姿が見苦しいと言われるのがくやしいがゆえに、何とか「いさぎよく」死んだと思われたいというのである。「未練がない」というのと「未練がましくない」とでは微妙に異なるところがある。『大辞林』は、語義の①で、「卑怯な点や未練がましいところがなく立派である」としているが、「いさぎよい」の用法の説明としては、こちらの方がより実状に近いであろう。

古語辞典では、「いさぎよし」の語源は、こう説明されている。

イサは勇ミのイサと同根で、積極果敢なこと。キヨシは汚れがない意。積極的で清浄という男性的感覚が根本の意味。……平安朝の女流文学では普通この語を使わない。（『岩波古語辞典』）

「イサ」は「イザ」でもあり、「さあ。人を誘う時や自分が思い立った時など、行動を起すはずみをつけるのに言う」言葉である（同）。「いざ、決起せん」「いざ、さらば」「いざ鎌倉」等々、と。つまり、この説明による「イサ－キヨシ」とは、ある事態において判断を下し行動するときに、未練やこだわりをエイッと振り払って突き進む、勢い・はずみといったものをふくみもった言葉だということである。

平安の女流文学では使われず、「男性的感覚」とも言われる「いさぎよし」は、武士道においてもっとも尊ばれ、求められた態度でもあった。武士道とは、もともと戦闘者として、殺すか殺されるかの、まさに死ととなりあわせの世界のうちに自覚・形成されてきたものである。「軍《いくさ》には親も討《うた》れよ、子も討れよ、死ねば乗り越え乗り越え戦ふ」（『平家物語』）のが武士の習いであった。

江戸時代になって書かれた『葉隠』では、こう言っている。


武士道と云《いう》は、死ぬ事と見付《みつけ》たり。二つ〳〵の場にて、早く死《しぬ》方に片付《かたづく》ばかり也。別に子細《しさい》なし。胸すわつて進む也。


——武士道とは死ぬことだと見つけた。あれかこれかの場に迫られたときは、早く死ぬ方に片づくだけである。何ももっともらしいことなどない。心が決まって進むだけだ。

あれかこれかのギリギリの場面では、ねらいどおりに行くか、行かないかなど問わなくともいい。「我人《われひと》、生《いく》る方がすき也。多分すきの方に理が付《つく》べし（自分だって生きる方が好きだから、多分その好きな方に理屈をつけてしまうだろう）」。しかし、そうやってねらいどおりに行かずに、しかも生き残ったときには、腰抜けであり、恥をかくことになってしまうのだ、と。

「武士道と云は死ぬ事と見付たり」とは、こうしたきびしい死の覚悟の表現である。その覚悟は、

「我人、生る方がすき」という執着・未練をもちつつ、それを超えるところに成り立っている。それゆえそれは、イザというとき、その場だけでできるものではない。引用箇所に続いて述べられる、「毎朝毎夕、改めては死に改めては死死《しにしに》、常住死身《じょうじゅうしにみ》に（毎朝毎夕、つねにあらためて死んだ気になり、いつでも死ねる覚悟に）」なっていることによって、かろうじて可能なものとされるのである。死の覚悟とは、つねに、こうした「かねての覚悟」を必要としているのである。

「『碧巌録』は七巻までで止めておけ」

死の前年に、三島由紀夫は、こういうことを言っている。

順調に行けば全四巻の完結は、昭和四十六年末になるであらうが、実のところ、私はこの小説を完成させるのが怖い。一つはそれが半ば私の人生になつてしまつたからであり、一つは、この小説の結論が怖いのである。私の耳にはたまたま相良亨氏からきいた「甲陽軍鑑《こうようぐんかん》」の言葉、「武将は『碧巌録《へきがんろく》』の十巻まで読んではいけない。八巻までで止めておけ」という言葉がついて離れない。（「『豊饒《ほうじょう》の海』について」）

甲斐武田家の軍学書である『甲陽軍鑑』は、仏教書の『碧巌録』は読むべきであるが、七巻（八巻は誤り）までにとどめるべきであり、一〇巻全部は読んではならないと教えている。「理由は、『碧巌録』全体を理解すると出家心がわき武士を廃業したくなるからであった。戦国武士の覚悟は、いわば十巻を読了してうる仏教者の「さとり」ではなく、「さとり」につながるものをもちつつも、なお七巻にして得られるもの、あくまでも世俗における心のもち方なのである」（相良亨『武士道』）。「生命に何らの執着をもたぬごとく猪突猛進する武士よりも、一面にはこれに執らわれつつ、しかも自覚的にこれをこえる武士を頼もしい武士とみとめるのである」（同）。武士の「いさぎよさ」には、つねに悲壮さがまとわりついているゆえんである。

ちなみに、『豊饒の海』の末尾は、こう終わっている。

この庭には何もない。記憶もなければ何もないところへ、自分は来てしまったと本多は思った。
庭は夏の日ざかりの日を浴びてしんとしている。……

『豊饒の海』完。

昭和四十五年十一月二十五日

日付は、三島が市ヶ谷の駐屯地で自決した日である。その死は、戦国武士の「いさぎよさ」からは微妙にはみ出ているように思われる。

「ただしさ」について

「正しく恐れる」ことのむずかしさ

東日本大震災時の原発事故による放射能禍《か》のときも、また二〇二〇年以来の新型コロナウイルス禍においても、「正しく恐れる」という言い方がなされた。いずれも、むやみに不安に煽《あお》られたり、また根拠のない希望的観測に安んじたりするのでなく、きちんとした事実・情報に基づいて、恐れるべきところを恐れ、恐れる必要のないところは恐れるな、という意味であろう。

が、むずかしいのは、何がきちんとした事実・情報であるのか、また、それが事実であるにしても、それにどう適切に対応すべきなのか、そこでの「正しさ」は、一つのこととして一義的に決められないということである。

地震・放射能ふくめて、新型ウイルスなどの実態については、われわれ人間の知恵など、ほとんど無知に等しい。それゆえに、いつも想像もできなかったような大きな災厄が引き起こされるのである。後知恵としてはそれなりにわかるようになるとしても、事態の渦中にいるときには、たとえ科学的・客観的な事実としても、一義的に確定されたものとしてわかっているわけではない。

「正しく恐れる」ということのむずかしさは、そこにある。たとえば、「計器を正しく操作する」

「書き順が正しい」「予定時間に正しく来た」といったことがらにおいては、前提となる計器操作や書き順、予定時間などは、一義的に決まっている。そのとおりになされることが「正しい」。しかし、放射能禍やコロナ禍もそうであるように、その事象・事態についての、専門家それぞれの現状認識や予測が異なるところでは、そういうわけにはいかない。

また、問題はその先にもある。たとえ科学的・客観的な事実が一義的に確定されたとしても、それらをふまえてどうすべきかについての「正しさ」は、それぞれの考え方・感じ方、価値観によって、大きく異なってこざるをえないからである。コロナ禍でいえば、こうである。——感染の拡大自体をおさえるのか、主として重症者・死者数をおさえるのか、免疫獲得を早めるのが優先か、また、各種生活・経済・教育など、防疫以外のことがらとのバランスをどうとるのか……等々、と。「恐れる」ということをはじめ、ある事態への対応における「正しさ」は、前提となる事実をどう捉えるかということと同時に、あるいはそれ以上に、その事態をふまえてどうすべきかということもふくんでいる。

すなわち、「正しさ」には、事実が〈どうであるか〉という事実的な「正しさ」と、それをふまえて自分が〈どうすべきか〉という倫理的・規範的な「正しさ」の二つの「正しさ」が、それぞれに複層的にからみ合いながら問題となっているのである。

やまと言葉の「ただし」

「ただしい（正しい）」とは、辞書的にこう説明される。

ただしい【正しい】

①形や向きがまっすぐである。②道理にかなっている。事実に合っている。正確である。③道徳・法律・作法などにかなっている。規範や規準に対して乱れたところがない。（『大辞泉』）

①はすぐあとで見るとして、②は事実が〈どうであるか〉という事実的な「正しさ」であり、③は〈どうすべきか〉という倫理的・規範的な「正しさ」である。

②の「道理」という言葉は、③の方に入れて考えることもできる。「この道で正しい」といった場合、地図上の事実的な「正しさ」でもあるが、「道」というのは、比喩的に、生き方・考え方の意味にもなり、その意味では、③の規範的な用法にもなる（「理」も同じ）。

この辞書で、②の語例として挙げられている「正しい解答のしかた」や「正しい内容」、そして「正しいトレーニング方法」といった用法は、③の〈どうすべきか〉という規範的な「正しさ」の語例に入れても、そう不自然ではないだろう。事実的な「正しさ」と規範的な「正しさ」は、厳密に区別して考えることができないところがあるのである。

以上のことを確認したうえで、日本人の「正しい」という言葉の使い方で注意を要するのは、①の「形や向きがまっすぐである」という用法である。語例としては、「線に沿って正しく並べる」「由緒正しい家柄」などが挙げられている。この使い方は、事実に合っているか否か、倫理・規範にかなっているか否か以前に、その両方の「正しさ」の基本となる（と考えた日本人の）発想の、ある特質を見いだすことができる。

やまと言葉の「ただし」は、古語辞典では、こう説明されている。

ただし【正し】

タダ（直・唯）と同根。対象に向って直線的で曲折が無い意。従って、規範や道義に対して、まっすぐで、よこしまが無いと感じられるというのが古い意味。転じて、客観的に道理に合う、きまりに合って整然としている意。

（『岩波古語辞典』）

「ただし」とは、もともと、ものごとがまっすぐで（直＝直線的・直接的）、それだけで（唯）、ひたすら（只）であるありようを指す言葉であった。そこから転じて、何かある道理やきまりに合って整然としているあり方が「ただしい」と使われるようになったのであるが、基本は、それ自体のあり方が「まっすぐで」「それだけで」「ひたすら」であるあり方を指す言葉だということである。「ただ」とは、「ただちに」「（事を元どおりに）ただす」「ただ（代価なし）」「ただ（元のまま）」ではすまない」等々の「ただ」と同じ根の言葉なのである。

「まっすぐで」「それだけで」「ひたすら」であるあり方を「ただしい」と受けとめるこうした考え方は、これまでにも何度かふれたように、清明心、正直、誠といった、次にも見るような、日本人に伝統的な倫理観をかたちづくってきている。

しかし、こうした倫理観は、かならずしも世界に共通する考え方ではない。一般的な「正しさ」

の考え方には、たとえば、古代ユダヤの律法や、ギリシアのロゴス（理）、仏教のダルマ（法）、儒教・道教の道というように、何らかのあるべき理法やきまりが前提とされていることが多い。それらに則ることが「正」であり、違反することが「不正」なのである。

しかし、日本人においては、そうした理法やきまりに則るか則らないか以前に、まずは自分がいかに嘘偽りなく全力をかけて人や事に関わっているかどうか、その姿勢や態度そのものが問われてきた――「正直が一番」「真心《まごころ》であればかならず通ず」「結果はともあれ、一生懸命にやりなさい」等々、と。

「正しい原因に生きる事、それのみが浄い」

詩人で彫刻家であった高村光太郎に、「火星が出ている」という、こう始まる詩がある。

火星が出ている。
要するにどうすればいいか、という問いは、
折角《せっかく》たどった思索の道を初《はじめ》にかえす。
要するにどうでもいいのか。／否《いな》、否、無限大に否。
待つがいい、／そうして第一の力を以て、
そんな問いに急ぐお前の弱さを滅ぼすがいい。
予約された結果を思うのは卑《いや》しい。

正しい原因に生きる事、それのみが浄《きよ》い。
お前の心を更にゆすぶり返す為には、
もう一度頭を高くあげて、
この寝静まった暗い駒込台の真上に光る
あの大きな、まっかな星を見るがいい。
火星が出ている。

火星を見上げながら人生に思いをめぐらし、みずからの生き方を問うている詩である。ここでは、「要するにどうすればいいか」という問いは、問いそのものが保留され、もっぱら、「正しい原因に生きる事」が求められている。

「正しさ」とは、簡単に「要するにどうすればいいか」といった問い方で一義的に答えられるようなものではない。むしろ「要するに」と「そんな問いに急ぐ」のは「お前の弱さ」であり、むやみに先走りして、あれこれ計算をして「結果」をほしがるのは「卑しい」ことだとすら言っている。大事なのは、「結果」などではなく「原因」の方なのだ、「正しい原因に生きる事、それのみが浄い」のだ、と。まず人や事に、ただひたすらに全力で関わることが求められているのである。

高村のこうした姿勢は、まさに、清明心、正直、誠といった伝統的な倫理観に棹さすものであろう。その生涯と思想は、ひたすら誠実であろうとする、その意味での「正しさ」を求めるものであった。その「正しさ」とは、また、こう語られるものでもあった。

私の正しさは草木の正しさです

（「人類の泉」）

「草木の正しさ」とは、自然・必然のもっている「おのずから」の働きの「正しさ」のことである。つまり、生き物としての人間にも与えられている「内」なる自然の「おのずから」の働きにしたがって生きる、ということである。高村はしばしば、草木や動物の嘘偽りのない生き方をテーマに詩を書き、その「正しさ」をみずからのものにしようとしたのである（この詩では、「火星」が自然・必然のあり方の象徴として見上げられている）。

「ただしさ」の必要条件と十分条件

「おのずから」の「正しい」働きに「誠実」に生きることとは、人や事に嘘偽りなく、ひたすら全力で関わることを求めるものであり、それ自体、われわれの持ち来たった大事な倫理伝統である。それはそれとして認めながらも、そこにはあらためて考えるべき問題点もまた多くふくまれている。

すなわち、そこでは、おのれのふるまいの嘘偽りのないひたすらさだけが強調されていて、そのふるまいのもたらす「結果」や客観的な事実・情報への目配り、あるいは、相手の気持ちへの配慮——相手が何を考え、何を望んでいるか、といったような点——には、ややもすれば無頓着・鈍感になってしまうことがあるからである。

述べたように、「結果はともあれ、一生懸命やりなさい」や、あるいは「私はあなたのためにこんなにしてあげてるのに」などは、今もしばしば聞く言い回しである。そうした言い方には、みずからの「正しさ」を省みる姿勢は、どうしても二の次になってしまうところがある。

幕末の尊皇派の思想リーダーであった吉田松陰《しょういん》は、「誠」の一字を貫き、純粋・過激な行動提起をし、そのとおりに決起して殺されていった。が、彼らに敵対した佐幕《さばく》派もまた、「誠」という倫理をかかげて戦っていた（同派行動隊「新撰組」の旗印はまさに「誠」であった）。

両者は、「誠」という倫理では一致しながらも、具体的に目指すところは異なっていた。しかし、そのいずれもが「誠」であるとの名目のもとで、当たり前のように相手を殺すことをも正当化していたのである。「誠」の倫理それ自体は今なお尊く誇り高いが、しかし、それは「正しさ」の必要条件にすぎず、けっして十分条件ではない。

相良亨『誠実と日本人』は、現代のわれわれに、「誠実だけでいいのか」と、こう問うている――諸外国にはあまり例がないという日本人の親子道連《みちづ》れ心中において、親はこの子を残して逝くことは「かわいそうだ」と道連れにする。「かわいそうだ」と思う親の心情の純粋・懸命なることは疑いえないが、そこには子という存在の他者性（独立した人格であること）の自覚や「いのち」とは何かといった「哲学」が欠落しているのではないか、と。

日本人の「正しさ」が、あらためて問われているように思う。

「いかり」について

「いかる（怒る）」の語源

「たのしみ」の項でも見たように、喜怒哀楽といい、仏教・儒教の七情といい、そこには「楽しみ」とならんでかならず「いかり（怒り）」が挙げられている。それは人間のもっているきわめて原初的な感情である。「いかり」は、喜哀楽などの感情と違って、他者やその場の調和・秩序を乱しやすいものとして、諸宗教・倫理では否定的に捉えられてきている。が、同時に、「いかり」がなければ、正義や誇りは守れないのも事実である。

「いかる（怒る）」という言葉は、たとえば「天皇《すめらみこと》大きに怒りたまひて、刀《たち》を抜きて」（『日本書紀』）などと、古代からずっと同じ言葉で用いられてきたものである。言葉の由来は、次のようなものと説明されている。

いかる
イカは、イカシ（厳し）・イカメシ（厳めし）と同根。体を大きく角張《かどば》るかっこうをする。転じて、感情が高ぶり激しく怒る。
（『角川古典基礎語辞典』）

「いかった肩」「小鼻がいかっている」「いかれる荒波」といった用法は今でも使われているが、「いかり」とは、そうした「厳《いか》めしい」というあり方と同じところから出てきた言葉なのである。

つまり、われわれの感情としての「いかり」とは、あるものごとがごつごつと角立ち、厳めしくあるように、感情が荒々しく角立つこと、という意味で、腹を立てる・おこるという意味として使われてきたということである。

『平家物語』からの一節。

入道相国《にゆうどうしようこく》、いかられける様《よう》なのめならず。

——入道相国（平清盛《きよもり》）のご憤慨の様子は並大抵のことではなかった。

清盛みずから情けをかけて、死罪の決まっていた源頼朝を許してやったのに、その恩を忘れて謀《む》反《ほん》の兵を挙げたことに対しての、まさに〝怒《ど》髪《はつ》天《てん》を衝《つ》く〟ごとき怒りの様子である。

『平家物語』は、この世の諸行無常の理を物語るものであるが、諸行無常の理とは、盛者必衰の理でもあり、それはとりわけ、盛者（盛んな者）としての平家一門の「おごった」諸行に重ねて物語られている。彼らのおごり高ぶりは、「皆とりどりにこそありしかども、……清盛公と申しし人の有様、伝へ承《うけたまわ》るこそ、心も詞《ことば》も及ばれね（皆それぞれに甚《はなは》だしかったが、……清盛公と申した人のおごり高ぶりのありさまは、伝え聞いても何とも想像もできず言い表すこともできないほどであった）」。

清盛像は一貫して「悪人」として描かれているが、「悪」とは「わるい」ということと同時に「たけだけしく荒く強い」ということでもある。清盛は、ことあればすぐに「怒って」いる。しかもけたはずれに。「いかり」とは、このように、他の感情にくらべて、とくに強く高いエネルギーをもった感情だということである。

「おこる」という、「いかる」とほぼ同義語がある。これは、近世後期以降に使われるようになったもので、今ではごく日常の言葉であるが、これも「いかり」と似たような由来をもった言葉である。すなわち、「おこる（怒る）」とは、「『起こる』と同源で、勢いが盛んになる意から、気持ちの高ぶるのをいうようになったもの」と説明される（『大辞泉』）。つまり、「怒る」ことは「起こる」ことだというのである。

煩悩としての「いかり」

このように、「いかる」とは、基本的に、高いエネルギーを発して「起こる」もの、「起こってくる」ものである。「いかりを覚える」「いかりを感じる」「いかりを抑える」「やり場のないいかり」等々と表現されるように、自分から発するものでありながら、自身でもコントロールのきかない感情として、自然と湧き出てきてしまうのが「いかり」なのである（子どものころ、よく聞いた「業がわく（沸く）」という言い方は、中部地方以西の方言であるが、押さえられない感情が業としてわいてくるという、まさに煩悩としての「いかり」の表現である）。

類語の「腹が立つ」は、怒りの思いが腹のあたりに湧き立つことであり、「むかつく」は、思いが胸につかえること、「頭にくる」は、怒りが頭にのぼってきて、冷静な判断ができなくなることである。それぞれ単なる気持ちや心の次元ではなく、腹・胸・頭という身体の部位に直接現れてくるものとして表現されているところに、この感情のあり方がよく表れている。

ちなみに、同様の意味合いをもつ身体表現として、「腹わたが煮えくりかえる」「（体を）ワナワナと震わせる」「血が逆流する」「青筋を立てる」「目を吊り上げる」「怒髪天を衝く」等々がある。また、「カッとなる」「キレる」という、やや新しい用法にも、気持ちや心の統制の途切れた事態であることがよく表されているだろう。

このようなものとして「いかり」は、昔から人間を罪に導く可能性があるネガティブな感情であると説かれてきた。キリスト教では七つの大罪のひとつであるし、仏教では、七情でありつつ、煩悩のなかでも最も恐ろしい三毒《さんどく》（貪《とん》・瞋《じん》・癡《ち》）のひとつとされている（貪は「むさぼり」、瞋は「いかり」、癡は「おろかさ」）。

あらためて宗教・倫理として説かれずとも、「いかり」が他者や場・社会との調和を壊し、ややもすれば、当の本人をも傷つけてしまうことは、誰しもがいくたびも経験してきたことであろう。

清盛の描かれ方もそうであるが、もうひとつわかりやすい例を挙げておこう。

――赤穂《あこう》藩主の浅野内匠頭《たくみのかみ》は、吉良上野介《こうずけのすけ》のふるまいに怒り（腹を立て、むかつき、頭にきて、カッとなって、キレて）、殿中松の廊下で刀を抜き、本人は死罪・切腹、お家は断絶になってしまう。ことはそれにとどまらず、のち四十七士の命や、吉良はもとより吉良方の家来多数の命も失わせる事態を引き起こしてしまったのである（赤穂事件）。

「いかり」の基本にあるのは、自分がこうあってほしい、こうであるはず、なのに、人はそこをわかってくれない、見てくれないという、ある意味、自己中心的な思いである。煩悩（煩い悩ますもの）たるゆえんである。

「人の違ふを怒らざれ」

聖徳太子の「十七条憲法」には、こう説かれている。

十に曰《いわ》く、忿《いかり》を絶ち、瞋《いかり》を棄て、人の違《たが》ふを怒らざれ。人皆《みな》心あり、心おのおの執《と》るところあり。彼是《かれぜ》とすれば則《すなわ》ち我は非とし、我是《われぜ》とすれば則ち彼は非とす。我必ずしも聖に非ず、彼必ずしも愚に非ず、共に是《こ》れ凡夫のみ。是非の理、なんぞよく定むべき。

――十にいわく、心の怒りをなくし、憤りの表情を棄て、他人が自分と違っても怒ってはならない。人それぞれに心があって執着するところがちがう。相手がこれはよいとしても自分はよくないと思うし、自分はこれはよいとしても相手はよくないとする。自分はかならずしも聖人でないし、相手もかならずしも愚人だというわけではない。皆ともに凡人なのだ。これがよいとかよくないとか、誰が定めうるのだろう。

この「憲法」とは、ひとびとの守るべき心得であるが、あらゆる争いごとには、自己中心的な「いかり」があると諌《いさ》めている。凡夫たるわれわれは、是（よい）と非（わるい）の判断は、簡単には決めることのできないことも多い（はずである）が、時として、おのれの思いにまかせて是非を決めてしまい、相手を怒ってしまう。争いはそこに起こる。

あるいは、事の是非はあれこれ総合的に判断しなければならないことがあるにもかかわらず、ある特定対象を選びだし、それが悪いせいだと、ただひたすらそれを責め立てるということもよくある。責め立て憎むことによって、みずからの悲しみ・悔やみを転嫁してしまうのである。サルトル風にいえば、「怒りとは、あまりに複雑な状況を単純化するための、手当たり次第の魔術的試みである」（『聖ジュネ』）。さまざまな複合的な要因を切り捨てて、単純に仕立て上げた敵を怒るにまかせるのである。それは、たしかにひとつの「魔術」であろう。

「いかり」の肯定的意味

「いかる」の類語である「しかる（叱る）」は、自己中心的な「いかり」に対して、とくに目下の者に対して、その者の間違いや欠点を強くとがめ、いましめることに力点がある。子どもが危険なことをしたときに強く「しかる」のは、けっして自己中心的な営みではない。が、そこに自己中心性があれば、それは「しかり」ではなく「いかり」であり、相手に恨みや憎しみを植えつけることになってしまう。

さて、以上の点を確認したところで、かといって、「いかり」はすべて、単なるエゴイスティックな感情として否定的に捉えられてきたわけではない。「こうあるべきである」という正義を守るということもふくめて、正しいこと、誇りあることを求めるにおいては、きわめて大切な感情でもあるからである。

たとえば、さきの赤穂事件の例でいえば、四十七士の「いかり」は、けっして単なる私憤でもないし、冷静な判断を失った盲目的な衝動でもない。彼らなりの正義であり、誠の表明でもあった。のちに、吉田松陰が、彼らの行動を、「かくすればかくなるものと知りながら已《や》むに已まれぬ大和魂《やまとだましい》」と詠んだように、このようなことをすればこのようになると知りながら、どうしてもそうせざるをえなかったという、尊い〝魂〟の働きでもある。自分自身の心や気持ちをも超えて湧き上がってくる「いかり」とは、自分自身の利害をすら超えて働く感情でもあるということである。

三木清は、『人生論ノート』において、

今日、怒《いかり》の倫理的意味ほど多く忘れられているものはない。怒はただ避くべきものであるかのように考えられている。しかしながら、もし何物かがあらゆる場合に避くべきであるとすれば、それは憎《にくし》みであって怒ではない。

（「怒りについて」）

と、「怒り」の倫理的意味を肯定的に論じている。「怒り」と憎しみとは本質的に異なるにもかかわらず、しばしば混同されており、「怒り」ということの倫理的意味が忘れられているというのである。

切《せつ》に義人《ぎじん》を思ふ。義人とは何か、――怒ることを知れる者である。

（同）

「義人」とは、「堅く正義を守る人。わが身の利害をかえりみずに他人のために尽くす人。義士」（『広辞苑』）のことである。あわせて三木は、「神の怒り」について言及し、現代のヒューマニズム（人間主義）がこのことを忘れて論じられていることに警鐘を鳴らしている。

あらためて三木の指摘を待つまでもなく、煩悩にとらわれ、迷っているわれわれ衆生を、力ずくでも救おうと現れた不動明王《ふどうみようおう》や婆娑羅大将《ばさらたいしよう》の忿怒《ふんぬ》（大いに怒ること）の相は、そのことを表している。

#「うらみ」について

「尽きぬ恨みの炎に燃え焦がれる鬼」

「うらみ」は、日常生活において、そう頻繁ではなくとも、幾度かはそれにとらわれてしまう、ごく一般的な感情のひとつである。仏教では、人間が経験する苦のひとつとして、「怨憎会苦《おんぞうえく》」（怨み憎む者と会わざるをえない苦）が挙げられているし、歌・物語や能・説経節などの芸能においても、「うらみ」はしばしば主題として取り上げられてきた。けっして願わしいものではないが、日本人の心根を考えるにあたり無視することのできない感情である。

中世の説話集『宇治拾遺物語《うじしゅうい》』に、「日蔵上人《にちぞうしょうにん》吉野山にて鬼に逢ふ事」という、こういう話が載せられている（現代語訳）。

昔、日蔵上人が吉野山の奥で、ある鬼に出会ったが、この鬼は手を摺り合わせてひたすら泣くばかり。「おまえはどういう鬼か」と問うと、鬼は涙にむせびつつ、「自分は四、五百年前は人間でしたが、人に対して恨みを抱え、鬼の身となって、その敵《かたき》は思いどおりに殺しました。その子や孫・曾孫《ひまご》・玄孫《やしやご》に至るまで、ひとり残らず取り殺し、もはや殺すべき者もなくなりました。しかしなお、尽きぬ恨みの炎に燃え焦がれ、やるせない苦を受け続けているのです。人に対して恨みを抱くというのは、それが我が身に返ってくるということだったのです。もっと前にこのことを知っていたなら、こんな恨みを抱くことはなかったでしょう」と語り、涙を流して、ひたすら泣いた。その間、頭からは炎がめらめらと燃え出ていた。そしてその後、山の奥の方へと入っていった。日蔵上人は気の毒に思い、鬼のため罪を滅ぼすべきさまざまなことなどをなさったという。

（『宇治拾遺物語』巻第十一）

ここには、「恨み」という感情のある性質が誇張され、印象的に描かれている。「怒が抑鬱的・持続的になったのが「怨み」である」とは、九鬼周造「情緒の系図」の指摘であるが、怒りなり憎しみなり、自己の何らかの不満や不快が、その時、その場だけでは済まずに、その後もめらめらと心の奥でくすぶり続けてしまうのが「恨み」という感情なのである。そして、それはしばしば、自制のきかないものでもあり、この説話ではとりわけ、そのことが中心に訴えられている。

心の内・裏から外に向かう「うらみ」

「うらみ（恨み・怨み）」は、古語辞典では、こう説明されている。

うらみ【恨み・怨み】
相手の仕打ちに不満を持ちながら、表立ってやり返せず、いつまでも執着して、じっと相手の本心や出方をうかがっている意。転じて、その心を行為にあらわす意。①いつまでも不満に思って忘れない。……じっと忍ぶ。②恨みごとを言う。③遺恨に思い、仕返しする。報復の刃を加える。

（『岩波古語辞典』）

「うら」には、「心悲《うらがな》しい」の「心《うら》」、また「裏」の「うら」が含意されている。つまり「うらみ」とは、もともとは表立って行動に表さずに、心の内・裏でじっと、また、ずっと持続的に思いつめていくという感情である。①の「いつまでも不満に思って忘れない。……じっと忍ぶ」という用法であるが、同辞典には、『万葉集』から、こうした用例が挙げられている。

逢はずとも我は恨みじこの枕我と思ひて枕《ま》きてさ寝ませ

――逢えないけれど私は恨みはしません。この枕を私と思って使って寝てください。

まさに、「不満は持ちながら、表立ってやり返せず、いつまでも執着して、じっと相手の本心や出方をうかがっている意」という原意に近い使い方であろう。しかし、「うらみ」は時として、かようにじっと忍ぶだけでなく、何らかのかたちで「表」立たせ、表現し決済しようとするものでもある。②「恨みごとを言う」は言葉で表現することであり、③「遺恨に思い、仕返しする。報復の刃を加える」は、具体的に行動で示すことである。

③の用例として、「小山を一太刀《ひとたち》恨み、草の陰なる母上の孝養《きょうよう》に報ぜんと……」（説経浄瑠璃「しだの

小太郎」）が挙げられるが、この用例では、敵の「小山」に一太刀あびせることそのものが「恨む」と使われているのである。中世軍記物の慣用句「うらみ申さばや」「うらみ奉《たてまつ》らばや」とは、心中に抱え込んできた思いを実際に行動で仕返すことが、「うらみ」と表現されているのである。

ちなみに、漢字の「恨」は、「心にわだかまりをもつこと」であり、「怨」は、「自分の受けた仕打ちに対して、それを不当なこととして文句を言ったり、その他の態度に出たりして、……不満を外部に表す意」である（『角川古典基礎語辞典』）。鬼や怨霊は特殊な力をもって、「うらみ」に思う相手に危害を加えようとするものである。

謡曲「葵上《あおいのうえ》」は、光源氏をめぐる女の争いにおいて正妻・葵上側からひどい仕打ちを受けた六条《ろくじょう》御息所《のみやすどころ》が、その恨みを晴らそうと怨霊（生霊）となって、葵上を取り殺そうとする話である。怨霊はこう訴える。

> われ人のためつらければ、われ人のためつらければ、必ず身にも報ふなり、何を歎くぞ葛の葉の、恨みはさらに尽きすまじ。恨みはさらに尽きすまじ。……あら恨めしや、今は打たではかなひ候ふまじ。（「葵上」）

——自分が他人に辛く当たったのだから、つまり、あなたが私につらい仕打ちをしたのだから、かならずその報いはあなたの身にも来るのである。それを今さら、何を嘆いたりするのか。私の恨みはけっして尽きることはあるまい。……ああ、恨めしいこと。今はどうしても、この女を打たずにはいられますまい。

御息所は、みずからも知らないうちに、「うらみ」自体が怨霊と化して、葵上のもとに現れ出てしまったのである。意志的・意識的にとどめようとしても、内からあふれ、せり出してしまう感情としての「うらみ」である。

それは、抑え込み、表立って現さないようにしようとしてきた分、執念《しゅうね》く根深いエネルギーをもって堆積し、やがては何らかのかたちで「晴らす」ことによってしか収束させることはできないものであった。もともとは、心の内なる不平・不満という受動的なものでありながら、きわめて能動的・攻撃的なものに変質する可能性を秘めた情念と言うこともできるだろう。

とはいえ、その能動性もみずからの思いで発出・制御できることではない。「恨みはさらに尽きすまじ」「あら恨めしや」という言い方には、そうした不可抗のニュアンスを読み取ることができる。さきの『宇治拾遺物語』の鬼は、そのことを体現しているのである。

「うらみ」と「甘え」

ところで、ともすれば人は、身にふりかかった不幸の悲しみを「うらみ」に転嫁することがある。精神科医の土居《どい》健郎《たけお》は、「不思議なことだが恨みの気持がつのると悲しい気持ちは抑えられる。どうも人間は悲しむよりも恨む方が楽だということがあるらしい」と指摘している（『「甘え」さまざま』）。

土居はさらに、「うらみ」とは屈折した「甘え」ではないかとも言う。「うらむのは甘えが拒絶されたということで相手に敵意を向けることであるが、この敵意は憎むという場合よりも、もっと纏《てん》綿《めん》としたところがあり、それだけ密接に甘えの心理に密着しているということができる」、と（『「甘え」の構造』）。「もっと纏綿としたところ」とは、より複雑に入り組んでいるところということである。人は、甘えたくても甘えられない状況において、ある鬱屈した心理にとらわれ、そこに「うらむ」「すねる」「ひがむ」といった歪んだかたちの「甘え」が形成されるということである。

たしかに、人は甘えられないから「すねる」のであり、すねながら甘えている。「ひがむ」のは自分が不当な扱いを受けていると曲解することであるが、それは自分の甘えの当てがはずれたからである。同じように、「うらむ」という敵意や憎悪には、変形した「甘え」が相半《あいなか》ばして潜在している。

謡曲「金輪《かなわ》」は、夫に捨てられた女がそれを恨んで鬼となって、夫を取り殺そうとする話であるが、結局、女は殺しきれない。最後になっても、「捨てられて、……ある時は恋しく、又は恨めしく、起きても寝ても忘れぬ思ひの……」という女の「うらみ」には、「愛おしさ」の未練がなお多分に残っていたからである。かように、「うらみ」とは一筋縄ではいかない感情なのである。

「うらみ」の鬼・怨霊のゆくえ

仏教最古の経典『法句経《ほっくきょう》』に、こういう言葉がある。

怨みに報いるに怨みを以てしたならば、ついに怨みの息《や》むことがない。

そして、「怨みをすててこそ息む。これは永遠の真理である」と釈迦《しやか》は説く。仏教は、この世は苦であるという真理に目覚め、そこから脱け出すことを目的とする宗教である。なかでももっとも具体的な苦として挙げているのが、愛別離苦《あいべつりく》（愛している人と別離する苦）と怨憎会苦である。それほどに、怨み憎むことは、相手にも自分にも苦をもたらすものなのである。

だからこそ、怨みに報いるに怨みを以てするな、と説くのであるが、それが容易でないことは、先述したようなこの感情の由来からうかがい知れよう。自分の心の中にわだかまってできてきた「うらみ」は、それを相手にぶつけて「晴らす」以外に収めることはできない（と本人が思っているからである）。しかしそれでもなお、「怨みをすててこそ息む」、これは永遠の真理である。

ならば、それはいかにして実現しうるのだろうか。

「葵上」や「金輪」のシテたちに即して見ておこう。シテたちの「うらみ」は、話の最後、神々や仏法力によって祈り伏せられるのであるが、そのことがそのままに、ある種の救いの実現として描かれている。そのことをどう読み解くかである。

そこには、「うらみ」はみずからの暴力で「晴らす」のではなく、心の内に秘めた鬱々たる思いのあれこれを切々と語り、歌い、舞って表現することによって、また、それをワキ（脇役）および観客らに聴いてもらって、そうして理解され共有されることによって、シテの気持ちは、どうにか収め取られていく以外にないことが描かれている。能とは、どうしようもなく鬼や怨霊になったものたちの鎮魂の装置なのである。

「うらむ」という言葉は、「恨むる風の声ぞ残れる」（『相模集』）、「虫の声々恨むるも哀《あわれ》なり」（『平家物語』）といったように、「虫が悲しげに何かを訴えるように鳴く。風が恨めしげに吹く」意味でもしばしば使われていた（『角川古典基礎語辞典』）。

いかに恨めしくとも、あるいはいかに悲しかろうとも、川が流れるように、風が吹くように、鳥や虫が鳴くように、みずからの思いのたけを宇宙・自然の働きに響き合わせて表出するならば、いずれついには、心の濁りや曇りは取り除かれ、静かに落ち着き収束しうるものなのだという思想がそこにはある。それは、ある種の〝成仏〟なのである。とりわけ世阿弥の作品には、そうした趣向が顕著に見られる。

「がまん」について

仏教語としての「我慢」

東日本大震災での日本人の被災者のふるまいが諸外国に賞讃された背景には、「あきらめ」という態度とともに、「がまん」という態度が挙げられる。「がまん」もまた、日本人の心根に深く根ざしているが、これはやまと言葉ではない。もともと仏教語であったものが、やがて日本語として意味を転じ、大事な日常語として定着してきたものである。こうした「がまん」ということについて、「辛抱《しんぼう》する」「耐《た》える」「忍ぶ」「堪《こら》える」などの類語や、「やせ我慢」という派生語とともに考えてみよう。

「がまん」という言葉は、『日本国語大辞典』では、以下のように説明されている。

が‐まん【我慢】

①仏語。七慢の一つ。我《が》をよりどころとして心が高慢であること。自分をたのんで、自ら高しとすること。自分自身に固執して他人をあなどること。うぬぼれ。②(形動)我意を張ること。強情《ごうじょう》であること。弱さを見せまいとすること。③(―する)じっと耐え忍ぶこと。辛抱すること。

①の説明にあるように、仏語「我慢」とは、我《われ》慢ずることで、自慢と同じ意味であった。仏教では、「我」に執着することこそが煩悩の最たるものであり、それにしがみつくから苦が起こると教えるものである。「慢」とは「心が伸び、蔓延《はびこ》り、傲《おご》る」という慢心の意味で、「七慢」とは、そうした慢心を七種に分けたもので、その一つが「我慢」であった。

つまり、「我慢」とは、「我をよりどころにして心が高慢であること。自分をたのんで、自ら高しとすること」という意味の言葉として日本に取り入れられ、長い間、それは日本語としても、そのままの意味で使われていた。たとえば、「我慢より痴心《ちしん》を生ず（我慢からおろかな心が生まれる）」（『今昔物語集』）とか、「爰《ここ》に我慢邪慢《じやまん》の大天狗《だいてんぐ》共《ども》（ここに我慢やよこしまな邪慢をもった大天狗たちが）……」（『太平記』）等々、と。

②は、それが形容動詞化したもので、基本的な意味は同じであり、「我意を張ること。強情であること。弱さを見せまいとすること」であるが、やがてそこから、だんだんと、現在の「じっと耐え忍ぶこと。辛抱すること」という用法が現れ始めてくる。同辞典には、「我慢のみの茶碗《ちやわん》酒（我慢して飲む茶碗酒）」といった用法が一八世紀末の洒落本《しやれぼん》からの例として引かれている。いずれにしても、そうとうに遅い時期、江戸時代も後期以降に使われだしたものである。

「我」なしには「がまん」できない

①②から③への転用は、かなり違うことのようでもあるし、また実際にかなり違うのであるが、

しかし、根底のところでの意味はつながっている。本来、言葉の移り行きとは、そうしたものであり、同じ言葉を使うかぎり、ある基本発想の軸のようなものはかならずある。

「じっと耐え忍ぶこと」は、高慢とまではいかなくとも、何らかの意味で、「自分をたのんで、自ら高しとする」ところ、あるいは、「我意を張り、弱さを見せまいとする」ところに可能なものである。つまり、「我慢（辛抱）できる」のは、みずからのうちに、どれほどかは「我慢（自慢）できる」ような何かがあるからできるということである。

現状はともあれ、いつかは何とかしうると思う「我」があるからこそ、あるいは、こんなことをされたが、本来の分《ぶ》はこっちにあると思える「我」があるからこそ耐えうるのであり、そうした「我」なしに人は「がまん」できない。「がまんしよう」と思うのは、何らかのそうした「我」を想定しながらの自己説得においてであろう。

子どもの生育段階においても、「がまんできる」「できない」は、まずもって、その状況を担うことができる「自己」意識がなければそもそもが無理である。はっきりと自己主張をすることができるようになってはじめて、「がまん」することもできるようになるのである。

つまり、自己の側に、いくばくかの目的や希望、根拠や納得、あるいは、そうした精神的なことだけではなく、信頼できる環境や場、また、家族、友達、あるいは神仏など、何かしらそうした味方が自分にはあると思えなければ、人は「がまん」することはできない。

「がまん」と似た言葉に、辛抱という言葉がある。

「辛抱」は、「つらいことをじっとたえしのぶこと。がまんすること。こらえること。また、そのさま」（『日本国語大辞典』）を表す言葉であり、語例は、浄瑠璃本から、「しんぼうつくせしかひもなく」と引かれているので、これも江戸時代以降に使われだした言葉であろう。

この言葉も、仏教由来の言葉のようである。同辞典の補注に、「「心のはたらき」の意の「心法《しんぼう》」が、仏教の広まりにともなって一般化し、「たえしのぶ」意に変化したものか」、とある。心法とは、仏教語で、「心のはたらきの総称、心を修める法」の意であり、そうした則るべき法にしたがって「たえしのぶ」ということであろう。「辛さ」を「抱く」と書く「辛抱」は当て字である。

また、他の似た言葉として、「耐える」「忍ぶ」にも一瞥しておくと、「たへる（耐へる）」とは、「タ（手）アへ（合）の約。自分に加えられる圧力に対して、その圧力に応ずる手段をもって対抗する意」と、その成り立ちが説明されている（『岩波古語辞典』）。

つまり、手を向こうの力に合わせるという意味が原義で、外から自分に加えられる力に対して応ずる、ということが基本である。内からの何ものかを根拠に「我慢」するのとは違い、外からの力に対抗する意味合いが強い。「～に耐える」ということである。

それに対して、「しのぶ（忍ぶ）」は、「目立たないように、自分の気持を押しつけてこらえる意」で、より内向きな営みである。

ついでに、もうひとつの似た言葉「こらえる（堪える）」も見ておくと、「こらへる」とは、「コリ（凝）アへ（合）の約。相手の仕向けて来るに合わせて、じっと凝りかたまって、それに堪える意」

（同）と説明されており、外からのものに対して、自分の側を凝固・収縮させてやり過ごそうとすることである。「がまんする」「辛抱する」「たえる」「しのぶ」「こらえる」とも、それぞれ微妙に異なるニュアンスをもっている。

阿久悠の描く「やせ我慢」

さて、「がまん」に戻ろう。「がまん」の派生語に、「やせがまん」という言葉がある。見たように、「がまん」は、何らかの意味で自分にある根拠を元手に「がまん」するのであるが、「やせがまん」は、そうしたものが痩せている、不足しているのに、なお無理して「がまん」することである。

具体的な例で見ておこう。

作詞家・阿久悠《あくゆう》は、「やせ我慢」をキーワードに、ある時代の（ないし、みずから言うように、時代おくれの）男の生き方を好んで描いてみせた。たとえば、沢田研二《さわだけんじ》のヒット曲「勝手にしやがれ」などは、その代表作のひとつである。

壁ぎわに寝がえりうって　背中できいている
やっぱりお前は出て行くんだな
悪いことばかりじゃないと　想い出かき集め
鞄《かばん》につめこむ気配がしてる
行ったきりならしあわせになるがいい

戻る気になりゃいつでもおいでよ
せめて少しはカッコつけさせてくれ
寝たふりしてる間に出て行ってくれ……

この曲について、阿久は、「普通ならそこで「行くなよ」と、ひと騒ぎするところを黙っている。そこまでみっともなくなりたくはないのだ。「いいよ、とりあえず行きなよ、だけど、気が変わったらいつでも戻っておいでよ」という気持ちを口に出していうこともできない。その代わりに背中で伝える。そこに男としてのギリギリのやせ我慢がある」（『「企み《たくら》」の仕事術』）と述べている。

「やせ我慢」はいつも「ギリギリ」なのであるが、阿久はそこに失われた男の美学を求めようとした。それは単に、かっこいいことではない。カッコつける資源（我慢）の細っているところでカッコつけようとすれば、あるいはそれはみっともないことになる。そこでは、「かっこいい」と「みっともない」は紙一重である。いかに痩せ衰えようとも、「やせ我慢」は、なけなしの「我慢」を保持しようとしているのである。

福沢諭吉の「瘠我慢の説」

福沢諭吉の晩年に「瘠我慢《やせがまん》の説」という有名な議論がある。明治三四年の元旦に『時事新報』紙上に掲載され、のちに単行本として出版されたものである。

「瘠我慢の説」とは、大略、以下のような説である。

瘠我慢の精神とは、負ける、死ぬとわかっていても、なお勇気をもって戦うという、武士道のもっていた大事な気風、気概である。それは国家というものを成り立たせる根本精神でもある。しかるに、勝海舟《かつかいしゅう》は、徳川幕府の最後、官軍に対してまったく抵抗しようともせず、ひたすら講和に走り、幕府を終わらせてしまった。内乱の戦争は、民にこの上ない災害であり無益な労力と考え、和睦したのかもしれないが、それは計算や理屈の上のことであり、国を支える根本精神をたるませてしまった罪は逃れることができない。また、榎本武揚《えのもとたけあき》は、勝と違って最後まで戦おうと、軍艦を率いて函館で奮戦したが、最終的には追いつめられて降伏した。それはそれで仕方ないが、その榎本がその後、明治新政府の官職に就き、大臣まで昇進したことは解せない。榎本とともに戦い死んだ人たちは、あたかも見捨てられたようなものではないか。二人とも、きっぱりと社会から隠退して、もうすでにある功績や名誉を全《まっと》うしてくれることを祈るばかりである。

『学問のすすめ』などを書いて、西洋的・合理的な精神を教え広めて、近代日本の文明開化をリードした知識人である福沢には、やや意外な主張のようでもあるが、「独立」を説き続けた福沢には、「瘠我慢の説」は、地金の出た、ゆずれない一線であった。

ちなみに、これに対する勝の返答は、以下のとおりである。

行蔵《こうぞう》は我に存《そん》す、毀誉《きよ》は他人の主張、我に与《あずか》らず我に関せずと存候《ぞんじそうろう》。

――出処進退の責任は自分にある。それを誉《ほ》める貶《けな》すは他人がすること、自分にはあずかり知らぬことと考えています。

自分のやってきたことは、みずからの信念でやってきたこと、何を言われようとかまわない（とりわけ、知識人・福沢ごときに）、と。それは「瘠我慢」というより、より原義に近い意味での「我慢」であろう。

「おに」について

『鬼滅の刃』の魅力

漫画『鬼滅の刃』（吾峠呼世晴《ごとうげこよはる》、全二三巻）は、シリーズ累計発行部数が一億五千万部を突破し、アニメ映画化された「劇場版 無限列車編」の観客動員数は四千万人を超え、いずれも歴代一位となった。

話はいわゆる鬼退治ものである。時は大正、炭を売っていた少年・竈門炭治郎《かまどたんじろう》の日常は、留守中に家族を鬼に殺されることで一変してしまう。かろうじて一人生き残ったものの鬼にされてしまった妹・禰豆子《ねずこ》を人間に戻すため、また、他の人間たちを守るために、兄妹は鬼退治へと旅立つ——。

小学生から大人まで幅広い世代に受けたのは、鬼という人間を食らう異類・外敵から、家族や仲間を守ろうと戦う少年の、純でひたむきな勇気や覚悟、また、それを支える友情や兄妹愛などが、コロナ禍にあえぐわれわれの状況と重ね合わせられたからということもあるだろう。

むろん、魅せる娯楽作品としての質の高さもある。鬼殺隊《きさつたい》（少年をふくむ鬼狩りの集団）や鬼たちのとりどりのネーミングやキャラクターの取り合わせ、攻撃の型や呼吸法などのさまざまな仕組みや仕掛けの妙が、ゆたかな色彩や模様、また、効果音に合わせてダイナミックに展開する（さらに、ちょこちょこ挟まれる軽めのギャグもふくめて）、みごとなエンターテインメントに仕上がっている。

が、見逃せないのは、そうした前向きであきさせない冒険譚でありながら、全編にただよう、ある種の悲しさ・儚《はかな》さ・切なさのトーンである。私が鑑賞した映画館の上映フロア内でも、あちこちにすすりあげる声が聞こえてきたのが印象的であった。こうした悲しみや切なさが基本にあるからこそ、その分、鬼から仲間を守り戦う勇気や気概、覚悟といったものが、鮮烈にわれわれに訴えかけてくるのであろう。

老いることも死ぬことも人間という儚い生き物の美しさだ。老いるからこそ死ぬからこそ堪《たま》らなく愛《いと》おしく尊いのだ。

鬼殺隊のリーダーの一人、煉獄杏寿郎《れんごくきょうじゅろう》の言葉である（『鬼滅の刃』8巻。句読点を補足）。敵の鬼から、その強さ・闘気があれば鬼になれる、鬼になれと誘われたのに対しての答えである。このあと杏寿郎は、列車の乗客二百人や他の鬼殺隊の兵士を守り抜いて討ち死にする。

こうした杏寿郎をはじめとして、この作品では、人間の「思い（想い）」というものがとくに強調されている。「思い」とは、人は儚く脆《もろ》いが、それゆえにこそ、皆で努力をし、信じ、力を合わせ、それを引き継ぎつなぐならば、大事な家族や仲間を奪おうとするものに立ち向かい、守ることができるのだという、ごくまっとうな意思・情熱のことである。「生き物は例外なく死ぬ。思いこそが永遠であり不滅」「夜は明ける。想いは不滅」「たくさんの強い想いが大きな刃となり、敵を討つ」のだ、と。

強くなれる理由を知った　僕を連れて進め……
誰かのために強くなれるなら　ありがとう悲しみよ
世界に打ちのめされて負ける意味を知った……
人知れず儚い散りゆく結末　無情に破れた悲鳴の風吹く……

（「紅蓮華《ぐれんげ》」）

主題歌「紅蓮華」（作詞・LiSA／作曲・草野華余子）にも、そのことはくりかえし歌われている。もとから「強い」のではなく、「儚い散りゆく」「無情に破れ」「打ちのめされて負ける理由を知った」ところでの、あらたに求められた「思い」の「強さ」である。

鬼退治の話

『鬼滅の刃』の原型は、「桃太郎」「一寸法師」などの昔話・おとぎ話である。桃から生まれた少年が犬や猿、雉子を味方に、あるいは、身の丈一寸に満たない少年がその小ささゆえの戦略で鬼を退治する話で、いずれも生まれの十全ではない少年が、ずんとまっすぐに強くやさしく成長する（大きくなる）という明解な英雄譚である。『鬼滅の刃』もまた、そうした図式のわかりやすい物語であろう。

が、問題は鬼である。この作品の英訳で鬼はDemonと訳されているが、作品中に相当数登場する鬼は、悪魔、悪霊というのとはすこし違う。彼らは、特定の姿形をもたず、首以外の傷はすぐに回復・再生する強靭な肉体とパワーをもって、夜の闇に乗じて人を食らって生き永らえている。「鬼となれば無限の刻を生きられる」。ただみずからが多くの人肉を食らって生き延びようとするだけで、彼らは人間と違って、何ら「守る」べき他者はもたない存在である。

この作品にかぎらず、鬼は日本人にとって、古くから恐れられ、語り継がれてきた不思議で恐るべき存在であった。馬場あき子『鬼の研究』が整理しているように、死者の魂を意味する漢字の「鬼」が六世紀後半に日本に伝わり、日本古来の「おに」と重なって〝鬼〟となったということであろう。仏教で説く地獄の獄卒《ごくそつ》（番人）や、たえず飢えと乾きに苦しんでいる餓鬼《がき》などのイメージをもとに、この世ならざる力をもって人を襲い食らうものとして、また、「「おん（隠）」の音変化で、隠れて見えないものの意とも」（『大辞泉』）言われ、変幻自在に姿を変え、われわれを脅かしてきた何ものかである。

鬼と人間

鬼の一般的イメージはそうしたものであるが、かといって、鬼はこの世の人々にとって、まったくの異類のものとしてのみ描かれてきたわけではない。世阿弥の芸能論に、「力動風《りきどうふう》」「砕動風《さいどうふう》」という、鬼の二種類を区別した有名な議論がある。

一つは、地獄や冥途《めいど》の鬼で、勢いも形も心も鬼であるという「力動風」の鬼、もう一つは、悲しみや恨みなど妄執をかかえた人間がなったもの（「形は鬼なれ共、心は人なる」）という「砕動風」の鬼、の二種類である。「～風」とは演じ方における区別であり、両者は、かならずしも明解に分けられないところがあるが、より重視されるのは、後者の「砕動風」の鬼のあり方である。

具体的な作品で見ておこう。「黒塚（安達原）」とは、大略、こういう話である。

――僧たちが、東北の安達原で、日が暮れて困って一軒家に頼み込んでようやく泊めてもらう。家に入ると、めずらしい糸繰り車があり、主の老女は、乞《こ》われるままに、それを使ってみせながら、みずからの境涯を語りだす。今はこうして落ちぶれてはいるが、もとは都で華やかな生活をしていた、あの頃が忘れられない――こうであった、ああであったと、糸を繰りながら、かつての自分を思い出して泣く。思い出話も一段落して、老女は寒いから薪をとってきてあげようと部屋の外に出て行く。そして行きかけた途中、立ち止まって、その間、けっして私の閨《ねや》（寝室）の内を見ないでくださいと頼み、僧たちも約束する。が、結局、彼らは約束を破って閨の内を見てしまう。するとそこには、膿血《のうけつ》したたる死体が軒先《のきさき》高く積み上げられており、僧たちは恐ろしくなって逃げる。それを見て、鬼になった老女が追いかけてくる。逃げ、追い、争い、最後に、鬼になった老女は、僧たちの法力によって祈り伏せられる。

主の老女は、閨に死体を高く積み上げている鬼であった。が、もともと鬼であったものが一軒家に隠れていて、訪れた人を襲って食べたというような単純な話ではない。ともあれ老女は、僧たちに宿を貸し、華やかなりし頃の想い出を聴いてもらい、さらには、寒さに薪をとってきてあげようとしていたのである。その間、けっして閨を覗《のぞ》かないようにとの約束を破ったのは、僧たちであった。

老残の身となり、なお忘れられない想い出にしがみついて恥じている老女に、どれほどの隠したい過去があったことか。「さしも隠しし閨の内を、あさまになされ参らせし、恨み申しに来りたり」――あれほど隠していた私の秘密をあらわになさった、その恨みを申し上げよう、と、老女は鬼となって追いかけてきたのである。膿血したたる死体の数々は、そうした恨みの堆積である。

『鬼滅の刃』の鬼たちも死の間際には、人間であった頃の、どうにもやりきれなかった恨みのあれこれを回想する場面があり、鬼になることの要因自体が人間世界の側にあったことが示唆されている。そうした鬼たちの捉え方、また、そうした鬼の死に際をやさしく受容しようとする炭治郎のあり方は、この作品を単なる勧善懲悪ものを超えた味わいのあるものにしている。

節分の鬼、平穏な日常

鬼といえば、節分《せつぶん》の鬼もいる。節分とは、もともと、季節の分かれ目という意味で年に四回あるが、ふつうにいう節分は、立春の前日のことである。この日の夜、鬼の嫌う豆を「鬼は外、福は内」と唱えながらまいて、邪気を追い払うという行事がもたれる。もとは、大晦日の宮中行事であった追儺《ついな》（悪鬼を追い払う儀式）が一般化したものだといわれている。

狂言「節分」は、こういう話である。

――節分の夜、女がひとりで留守をしていると、蓬萊《ほうらい》ヶ島から来た鬼が訪れる。鬼は女に言い寄るが、女はいっこうに受けつけない。ついに鬼が泣き出してしまうと、女はなびくと見せかけて、鬼の持つ隠れ笠・隠れ蓑《みの》・打出《うちで》の小槌《こづち》などの宝を取り上げたうえで、豆をまいて、「福は内、鬼は外」と追い出してしまう。

この多少ユーモラスな鬼は、異郷から来訪する客人《まれびと》（まれにくる）の鬼神であって、本来、禍・福ともにもたらすものであった。桃太郎や一寸法師も、鬼退治によって、さまざまな宝物を手にしている。また、よく知られる秋田地方の「なまはげ」は、大晦日に訪れて、一年の厄《やく》を祓ってくれるありがたい鬼である。鬼とは、こうした禍・福の幅をもった存在でもあった。

「節分」も「なまはげ」も、平穏な日常の続くことを願っての年中行事であり、「福」とは、あらためて得られるべき財宝ではない。そこでは、平穏な日常の続くことそのものが願われているのである。

『鬼滅の刃』（23巻）で、鬼は、強くなってきた炭治郎に「目の前にある無限の命を掴み取れ」と誘惑する。が、炭治郎は、「厭だ。俺は人間として死ぬんだ。無限の命なんか少しも欲しくない。いらない。みんなの所に帰りたい」と拒否する。「お願いします、神様。家に帰してください。俺は妹と家に帰りたいだけなんです。どうか……」。――鬼「帰ってどうなる。家族は皆死んだ。死骸が埋まっているだけの家に帰ってどうなる」。――「思い出が残ってる。あの幸せな日々は、俺と禰豆子がいる限り消えない」。

家族を殺され、日常が一変したところから始まったこの物語は、「ただひたすら平和な何の変哲もない日々が、いつまでもいつまでも続きますように」と終わる。「何の変哲もない日々」こそが宝物だったのである。

「よわさ」と「つよさ」について

「強さ」と「弱さ」――『鬼滅の刃』から

「よわい」を辞書で引くと、「①力が少ない。強くない。②堪える力がない。もろい。丈夫でない。③働きが劣っている。能力が乏しい。④意志が堅固でない。心がしっかりしていない」（『広辞苑』）とある。「弱い」とは、力、働き、意志などが欠けているという意味であり、端的に「強くない」という説明である。が、あらためて考えてみれば、「強い」とはどういうことなのだろうか、また、「弱い」とはどういうことなのだろうか。

前項につづいて、映画「『鬼滅の刃』無限列車編」の題材から入っておこう。この映画のPV第2弾は、ほぼ以下の三つのセリフだけでできている。

魘夢《えんむ》「人間の心なんて、みんな同じ硝子細工みたいに脆《もろ》くて弱いんだから」
炭治郎「ここに居たいなあ、ずっと。振り返って戻りたいなあ」
煉獄「強さというものは、肉体に対してのみ使う言葉ではない。……この少年は弱くない。侮辱するな」

短いが、映画をうまく要約している。最初のセリフは、「幸せな夢や都合のいい夢を見ていたいっていう人間」(ジャンプコミックス7巻)の「弱さ」につけ込み、夢に夢中にさせることによって、その精神を破壊しようとする、鬼・魘夢のせせら笑いながらのもの。

次のセリフは、主人公・炭治郎が、その術中にはまりかけ、失われた家族との楽しい団欒《だんらん》の場面を思い出しながら、切なく逡巡していたときのもの(が、やがて、それをふり切って、鬼との戦いに立ち向かう)。

そして、最後のものは、不死身の肉体をもった鬼の「強さ」に対する、人間の(炭治郎の)心の「強さ」を弁護した鬼殺隊のリーダーの一人、煉獄杏寿郎の毅然としたセリフである。

この作品全体に底流している基調は、その煉獄が「老いることも死ぬことも人間という儚い生き物の美しさだ。老いるからこそ死ぬからこそ堪まらなく愛おしく尊いのだ」と述べるような無常観に裏打ちされた人間観・死生観であることは、さきにも見た。煉獄の言う「強さ」とは、どこまでも、こうした人間の儚さ・脆さという「弱さ」を前提としたところでの、人のもつ「思い」の「強さ」なのである。

生き物としての人間は「弱い」。が、それゆえにこそ、皆で努力をし、信じ、力を合わせ、引き継ぐならば、大事な家族や仲間を奪おうとするものに立ち向かうことができ、守ることができるのだという意思であり、情熱である。

そこには、人が生きるにあたっての「弱さ」「強さ」といった二項が、意識的・主題的に考えられていうように思う。

武士道の「強さ」

国を富ませ、強化しようとする「富国強兵」は、明治日本以来の国家目標であった。国民教育の基本は、ひたすら「負けるな」「がんばれ」「我慢せよ」「泣くな」……であり、要は、「強くあれ」であった。武士道が日本人の道徳観の核心として明治以降にあらためて見直されたのも、そうした時代の要請でもあった。

武士とは、もともと、貴族に仕え侍《さぶら》う戦闘員（侍《さむらい》・兵《つわもの》）として登場してきたものであるが、やがてみずからが権力をにぎるようになると、その独自な生き方・死に方が、「弓矢を取る身の習い」、そして、武士道として自覚化されるようになってくる。

武士道の根本にあるものは、いかなる場においても、相手に負けまいとする、勝負での「強さ」の標榜である。

> 武士は仮《かり》にも弱気の事をいふまじ、するまじと、兼《かね》て可㆓心懸《こころがくべき》㆒事也……
> 武士は万事に心をつけ、少《すこし》にても後《おく》れに成《なる》べき事を嫌ふべき也。……（弱気なことは）ざれにも、戯《たわぶれ》にも、寝言《ねごと》にも、たわ言にも、言《いう》まじき詞《ことば》也。
> （山本常朝『葉隠』）

ふだんから「弱気」なことは、ざれごとにも口にせず、万事につけて「後れ」をとらないように万全をつくせ、と。

強は人に勝《かつ》をいへども、先《まづ》みずから我にかち私にかち欲にかつを聖賢の強とす。我が私にかつ時は、其上《そのうえ》人に勝事必定《かつことひつじょう》なるべし。（林羅山『三徳抄《さんとくしょう》』）

相手に勝つこと、まずそのためにも、自分自身に勝つこと、とりわけその「欲」に勝つこと、それが「強」ということであった。林羅山は儒学者であったが、武士道は、こうした儒学や仏教を取り入れながら、まず何より、おのれの欲望や煩悩という「弱さ」に打ち勝つ（克つ）ことが求められていた。

前にも見たように、「武士道と云《いう》は、死ぬ事と見付たり」という、葉隠武士道の過激な宣言は、「我人、生る方がすき也（我も人も生きる方が好きである）」、だから、多分生きたい方に理屈をつけて、生き残ってしまうことがあるだろう、しかしそれでは「腰抜け」になってしまうことがあり、それでは、武士の境位としてはあやういことになってしまう、という文脈で語られているものである。いさぎよい死を願い、何より生に執着することを「恥」として嫌ったのは、それだけ執着があったということである。「強さ」とは、そうした「恥」になりそうなことをしてしまいかねない「弱さ」を前提に、それをふまえ、捻《ね》じ伏せようとしたところでの「強さ」であった。

つまり、その「強さ」は、鬼のような、頑丈・不死身な冷徹・非情さではない。煉獄の「老いることも死ぬことも人間という儚い生き物の美しさだ。老いるからこそ死ぬからこそ堪まらなく愛おしく尊いのだ」という人間観・死生観は、『葉隠』にも底流している。

『平家物語』で描かれた「強さ」と「弱さ」

中世の軍記物語には、武士道の原型としての「弓矢取る身の習い」として、「親、死に、子、討《う》たるれども顧みず、弥《いや》が上に（そのうえにますます）死に重なって戦ふ」（『保元物語』）といったような武士像が数多く描かれている。たとえ身内が討たれようとも、それを越えて死に突入せよという、あるべき戦闘員のあり方である。

『平家物語』でいえば、たとえば、――「日本一の剛《こう》の者の自害する手本」として、太刀を口にふくみ、馬上から飛び降り貫かれて死んでいった今井四郎、大音声で呼びかけ、敵二人を両脇に挾みながら入水する平教経《のりつね》、白髪を染めきれいな出で立ちに装い、ただ一騎で敵に討ち入った斎藤実盛、「見るべき程の事は見つ」と、笑いながら乳母子と手を取り合って入水した平知盛《とももり》、等々。その死に様は、「あっぱれ剛の者かな」とか、「ほめぬ人こそなかりけれ」「口々に惜しみあへり」等々と賞讃されている。

が、『平家物語』は同時に、そうした死を引き受けられなかった人々の死に様も数多く描いている。たとえば、――高倉宮の乳母子ながら、宮の遺体をそのままに浮き草で顔を覆って敵をやり過ごし逃げた六条大夫《たいふ》宗信《むねのぶ》、敵にすぐそこまで攻め込まれながら、見そめた女房との「最後のなごり惜しまんとて」ぐずぐずしている（と、家臣が「腹かき切って」うながし、やっと出立する）木曾義仲《よしなか》、声をかぎりに叫ぶ妻子の「声々耳の底にとどまって、立つ浪、吹く風の音まで聞く様に」思われ、ついには戦線離脱してしまう平維盛《これもり》、壇ノ浦にて敗北が決まり、味方が次々に海に飛び込むなか、逡巡しているところを部下に後ろから突き落とされながらも、死にきれず浮いているところを敵に熊手で引き上げられてしまう総大将・平宗盛《むねもり》、清宗《きよむね》父子、等々。これらについては、「にくまぬ者こそなかりけり」「うたてかりし事どもなり」「無下《むげ》になさけなかりける者かな」等々と批判されている。

戦線離脱した維盛は、かろうじて高野から熊野へと逃れ、出家・入水するのであるが、その過程は、導師・滝口入道《たきぐちにゅうどう》の「心よわくてはかなはじ」「御心よわうおぼしめすべからず」「心のたけきゆゑに往生をとぐ」と励まされての入水であった。

また、処刑が決まり、最後、必死に念仏を唱えていた宗盛は斬られる寸前に、「右衛門督《うえもんのかみ》もすでにか（息子もすでに斬られたのか）」と叫ぶ。と同時に、頸を切り落とされる。死後、頸は大路を引き回され、「いきての恥、死んでの恥、いづれもおとらざりけり」と記されているが、同時に、「右衛門督もすでにか」の一句には、「善知識《ぜんちしき》の聖《ひじり》も涙に咽《むせ》び給ひけり。たけきもののふも、争《いか》でかあはれと思はざるべき」とも記されている。

「あっぱれ剛の者」の「あっぱれ」も、「争でかあはれと思はざるべき」の「あはれ」も、ともに「あはれ」であり、「ああ」という思いである。『平家物語』では、前者におとらず後者の「あはれ」も同じように、生彩をこめて描かれている。まさに、「人みな我をふくめてあはれなり」なのである。

「たおやめぶり」と「ますらおぶり」

「もののあはれ」論を説いた本居宣長は、当時の武士思想や儒教・仏教などを、こう批判している。

大方人のまことの心の奥のくまぐまをさぐりて見れば、みなただめめしく、はかなきことの多かるものなるを、雄々《おお》しく賢《さか》しげなるは、自ら顧みて、もてつけ守りたるものにして、人に語るときなどは、いよいよ選びて、よさまに上辺《うわべ》を飾りてこそものすれ、ありのままには打ち出でず。

(『源氏物語玉《たま》の小櫛《おぐし》』)

人間のまことの心奥をみれば、「みなただめめしく、はかなきことの多かるもの」なのに、それを「雄々しく賢しげ」にうわべを飾り立てているのはほんとうの姿ではない。悲しいことには悲しいと感じ、嬉しいことには嬉しいと感じて共感・同情できることが「もののあはれ」を知るということであり、それが人間としてもっとも大切なことだと説くのである。

「めめしく、はかなきこと」とは「手弱女《たおやめ》ぶり」ということでもあるが、それは単なる虚弱・非力の意味ではない。「たおやめ」とは、「たおやか」な女という意味である。「たおやか」とは、しなやかにたわみ、優美であるさまを表すと同時に、剛健・屈強な男性的な強さ(益荒男《ますらお》ぶり)ではないが、待つこと、耐えることができる、対応力のある、柔軟でしなやかな強さを意味している(次項「「たおやかさ」について」参照)。

そこでの「弱」は、「強」の補完・欠落ではなく、それ自体の価値として捉えられている。宣長は、日本文化の根底に、そうした「弱」――「たおやめぶり」のゆたかさを見いだそうとしたのである。

「たおやかさ」について

若者用語の「だいじょうぶ」

「だいじょうぶ」とは、「大丈夫」であり、そこから、立派な男のように、強くしっかりしている、確かだ、という意味で使われるようになったものである。しかし、強さ・確かさは、いつもそうした男性的な剛強さ・確実さだけではない。

「たおやめぶり」という女性風を表す言葉のもととなった「たおやか」には、優美でありながら、対応力のある、柔軟でしなやかな強さ・確かさがふくまれている。日本文化は、「たおやめぶり」の文化だという人もいる。こうした「たおやかさ」について考えてみよう。

まず、「だいじょうぶ」という言葉である。現代の若者用語の「だいじょうぶ」という言葉の使い方はすこしわかりにくい。たとえば、「おひとつ、いかが」と言われたとき、「だいじょうぶです」と返す言い方である。ノーサンキューの意味で使っており、「けっこうです」「いりません」と言うのがキツイ感じになるので、それをやわらげる意味で用いているらしい。が、「だいじょうぶ」と言われて、イエスなのかノーなのか、すぐには判断しがたい。

「だいじょうぶ」という言葉は、もともとは、「大丈夫」で「立派な男、ますらお」という意味であった。そこから、強くてしっかりしているさま、あぶなげがなく安心できるさまを表す言葉になったものである。「彼ならだいじょうぶだ」とか、事故を起こした人に「だいじょうぶですか」などと訊く。すでに中世末ごろには、こうした用法が登場している。

もともと「丈夫」とは、古代中国で、身長が一丈（約二メートル）ある男子が「立派な堂々たる男」だという意味で用いられていた漢字であるが、日本語では意味を加え転じて、「元気で壮健だ、しっかりしていて堅固だ、確実だ」と使われるようになった言葉である。「大丈夫」は、そこにさらに「大」がついて意味が補強されたものである（『新字源』）。

若者用語の「だいじょうぶ」は、「いただかなくとも、まったく問題なくだいじょうぶだ」とのニュアンスをふくんでいる。しかし、たとえば、「すこし強いお酒ですが、いかが」などと言われたときに、「だいじょうぶです」と返されたら、それはイエス（飲める）なのか、ノー（いらない）なのか、判断がつかない。とはいえ、こうした用語法もまた、日本人らしい、ある種の気遣いの表現ではある。

「たおやか」ということ

さて、このように、「だいじょうぶ」とは、強くてしっかりしている、あぶなげがなく安心できるさまであることを、「りっぱな男、ますらお」由来の形容語として用いてきたものである。「ますらおぶり（益荒男ぶり）」という言い方は、江戸中期の国学者・賀《か》茂《もの》真《ま》淵《ぶち》が、万葉時代の歌は、おおらかで男性風であったとして、近世日本にあらためて、そうした歌風を復活させるべきだと唱えたものである。

しかし、前項で見たように、弟子の本居宣長は、そのように、ただ雄々しく賢しげにしようとするのは、うわべだけを飾り繕うことにすぎず、人の心の奥底まで届く繊細さに欠けるとして、『古今和歌集』や『源氏物語』の女性的で柔らかな精神をよしとした。

いわゆる「たおやめぶり」で、当て漢字では、「手弱女ぶり」と書くが、しかし、それは単なる虚弱・非力の謂《い》いではない。「たおやめ」とは、「たおやか」な女ということであり、「たおやか」とは、こういう言葉である。

たをやか

《タヲはタワ〔たわむ〕の母音交替形》①重みでしなっているさま。たわんでいるさま。②(身のこなしが)いかにもものやわらかで優美なさま。③(人の性質に)加えられる力に耐える柔軟性があるさま。

(『岩波古語辞典』)

「たおやか」の「たお」は「撓《たわ》む」から来ている。「萩いと色ふかう、枝たをやかに咲きたるが(萩の花は、とても色が濃く、枝もしなやかに咲いているのが)……」(『枕草子』)と言うように、萩や柳の柔らかい枝のように、しなやかにたわみ、優美であるさまの形容として、古くから、歌語としても好んで用いられてきている。

美しい日本語の一つとして、もう一例、具体例で味わっておこう。

心あらん人に見せばや。津の国の難波《なにわ》わたりの春の景色を。是《これ》は始めの歌のやうに限りなくとをしろくなどはあらねど、優《ゆう》深くたをやか也。
（鴨長明『無名抄』）

——心ある人に見せたいなあ。津の国難波あたりの春の景色を。これははじめの歌のようにかぎりなく幽遠というのではないが、優雅でしっとりとして美しい。

あとでもすこしふれるが、「優」とは上品で優しい美しさを表す言葉であるが、「たおやか」は、そうした美しさと重なる、もの柔らかで、おだやかなさまを表している。まずは、そうした美的形容としての意味である。

そしてもう一点、この「たおやか」において大事なことは、この言葉には、剛健・屈強な男性的な強さではないが、待つこと、耐えることができる、対応力のある、柔軟でしなやかな強さがふくまれていることである。

作家の司馬遼太郎《しばりょうたろう》は、日本文化と「たおやめぶり」について、ドナルド・キーンとの対談の中でこう述べている。

「たおやめぶり」というのは、けっしてシンの弱さを言うのじゃなくて、むしろシンの強さを言うのですけれども、愛情などの表現の仕方で、原型日本人といいますか、もとの日本人というのは、どうも「たおやめぶり」という匂いが強くします。
（『日本人と日本文化』）

「手弱女ぶり」とは書くが、それは「けっしてシンの弱さを言うのじゃなくて、むしろシンの強さを言う」のだというのである。和歌などの愛情表現のなかに、そうした「たおやめぶり」の匂いをかぎ取っている。

また、それは文化受容においても、白か黒かをはっきりさせて、どちらかの色にしてしまう「ますらおぶり」と違って、白と黒を混ぜて灰色にしてしまう「たおやめぶり」において、日本人は外国文化を自分たちの文化に融合させ、独自の文化を生み出してきたのだと、日本人のベースにある「たおやめぶり」は、きわめてすぐれた気質であるというのである。

「たおやめ」の強さ

河合隼雄も、日本の昔話——桃太郎・竹取物語・浦島太郎・一寸法師・舌切り雀等々——を研究して、日本文化について、こう述べている。

日本の昔話は「男性の目」ではなく、「女性の目」でみるとき、その全貌が見えてくるように思われる。……「女性の目」で見ると言うことは、換言すると、日本人の自我は女性像によって示す方が、より適切ではないかと言うことになる。
（『昔話と日本人の心』）

昔話をすなおに読むと、日本の文化や自我像のあり方は、女性の目によって、あるいは、女性像によって示す方がより適切ではないかというのである。たしかに、日本の社会制度は「強い父権制」であるが、むしろそれは、「このような心理的事実にできるかぎり目を閉じさせるはたらきをしてきたように思われる」、とも。

昔話の多くは、いわゆる英雄譚《たん》――主人公が故郷を離れて異界へ旅し、戦って成長し、成果を持ち帰るという世界共通のパターン――ではあるが、日本の昔話は、そういう、最後には英雄が怪物を退治してお姫様と結婚して幸福になるという、単純な自我確立の物語ではないと、こう述べている。

怪物を退治して女性を獲得する男性の英雄ではなく、耐える生き方を経験した後に、反転して極めて積極的となり、潜在する宝の存在を意識していない男性に、意識の灯をともす役割をもつ女性は、日本人の自我を表わすものとして最もふさわしいものではないかと思われる。（同）

女性は耐えながら、しかし、単に耐えているだけでない。そうした女性が、たとえば、「さんせう大夫《だゆう》」の安寿《あんじゅ》などがその典型であるが、みずからが犠牲になりながら、厨子王《ずしおう》の隠れている力を悟らしめ、そのことがものごとを大きく展開させるというような役割を果たしているところに、日本の昔話の女主人公の大事な特徴があるのだ、と。「たおやめ」の強さということである。

さきに「優深くたをやか」という表現を引いたが、「たおやか」は、「優《やさ》し」という、日本文化の大切な美的・倫理的感性とも密接に関わっている。

「「やさしさ」について」の項で見たように、「やさし」とは、もともと「(人人の見る目が気にかかって)身もやせ細る思いがする」というのが原義であって、そこから、そのようなあり方に、繊細さ、優美さ、殊勝さを感じ取るようになった言葉である(『岩波古語辞典』)。

中世末期になって、現代の用法としての情け深い・親切だという意味が登場してくるが、そこにもまた、おのれをひかえめにおさえて、相手やその場によかれとふるまおうとする意味合いがふくまれている。それもまた、確実に、「たおやめぶり」の倫理感情ということができるだろう。

Ⅳ　「いのり」と「なぐさめ」

「いのり」について

「神を祈る」と「神に祈る」

祈りは、あらゆる宗教においてもっとも基本的な宗教行為であり、神や仏など、超越的な何ものかに、われわれの願いや望みの実現を請う営みである。「いのる」は、古い用法では、「神を祈る」と使われていた。

天地《あめつち》のいづれの神を祈らばか愛《うつく》し母にまた言問《ことと》はむ　（『万葉集』）

――天地のいずれの神様を祈ったら、いとしい母さまにまた会って話ができるのだろうか。

関東から九州に徴兵されてきた防人《さきもり》の、母への思いを歌ったものである。『万葉集』には、このように、天地の神を歌ったものが数多くあるが、それらはすべて、この歌のように、「天地の神を祈る」ものであって、「天地の神に祈る」ものではない。

「〜を祈る」と「〜に祈る」では、すこし意味が違ってくるが、「祈る」という言葉の本来の使い方は「〜を祈る」であり、それは、こういう成り立ちの言葉であった。

いのる【祈る・禱る】
①（古くは助詞「を」をとったが、後に「に」をとる）神や仏の名を呼び、幸いを請い願う。祈願する。②心から望む。希望する。念ずる。③（相手や物事に）わざわいが起こるように祈願する。のろう。　（『広辞苑』）

さらに、『岩波古語辞典』によれば、「いのる」の原義は、「イはイミ（斎・忌）・イグシ（斎・串）などのイと同じく、神聖なものの意。ノリはノリ（法）・ノリ（告）などと同根。みだりに口にすべきでないことばを口に出す意」が原義で、のち「①神や仏の名を呼び、幸いを請い願う。祈願する」意味になったと説明されている。

つまり、神聖で畏れ多い何ものかを言葉として口にする（宣《の》る・告《の》る）ことによって、そのものの力を付与してもらおうとしたのが、「いのる」という営みの基本であった。神仏の加護を受けようとする加持祈禱《かじきとう》において真言《マントラ》（「オン・アビラ・ウンケン・ソワカ……」）を唱えることや、声に出して称える称名《しょうみょう》念仏（「南無阿弥陀仏《なむあみだぶつ》」）や唱題《しょうだい》（「南無妙法蓮華経《なむみょうほうれんげきょう》」）は、この意味で、まさに「い－のる」営みである（ちなみに、キリスト教の「天にまします　われらの父よ　願わくは御名《みな》をあがめさせたまえ……アーメン」というのも、イスラム教の「アッラー・アクバル（アッラーは偉大なり）」というのも、同じ意味ですぐれて「い－のり」である）。

日本語では、さらに、神仏の力を借りて、「③（相手や物事に）わざわいが起こるように祈願する。

のろう」ことも「祈り」であった。山伏《やまぶし》や僧侶が、怨霊や鬼、悪魔を降伏させるために定まった儀式を行うことも、「祈り伏せる」ことであった。

現在では、「健闘を祈る」「無事を祈る」「盛会を祈る」と、もっぱら「②心から望む。希望する。念ずる」という、われわれの切なる願い・望みを表す言葉として用いられているが、もともとは、以上のような、神仏の力そのものへの働きかけの言葉であったことは、大事な要点である。のちには、そうした神聖なものを口にするという具体的な作業はともなわなくなったが、強く切に願い、望むという「いのる」という営みは、それ自体が基本的に、そうした存在や働きに向けてなされていたものなのである。

「何事のおはしますかは知らねども」

ところで、「天地のいづれの神を祈らばか……」は、かならずしも、天地のあれこれの神の「いづれの神」に特定しようとするものではない。あるいは、たとえば、「いかにして恋ひ止《や》むものぞ天地の神を祈れど吾《あ》は思ひ益《まさ》る（どうしたら恋の苦しさはやむものだろう。天地の神を祈るけれど、私は思いがつのることだ）」（『万葉集』）というような歌でもそうであるが、ここで歌い手たちは、天地の「いづれの神」かに特定して祈ろうとしているわけではない。彼らはむしろ、「いづれの神」であれ、祈ろうとしていたのであった。

現在、日本全国では毎年何千万人という人々が初詣をし、新年の無事と平安を祈り願っているが、その祈りや願いは、何に向かってなされているのかは、あまり意識されてはいない。参拝に行くところが神社であれ寺院であれ、また、その神社の祭神が何であるか、その寺院のご本尊が何であるか、かならずしも厳密には問われないままに祈られている。

何に対して祈っているのかがよくわからないのは、キリスト教やイスラム教などの一神教の考えからすれば、宗教以前、あるいは無宗教だと言われることもある。が、それはけっして、いわゆる宗教心、信仰心がないということではない。

そこでは、これこれの神、これこれの仏というように、何か個別の神や仏に特定してしまうのではなく（むろん特定することもあるが）、むしろそれらを通して、世界全体、宇宙全体に働いている何か大きな働きといったようなものがたしかに感受されているのである。

前にも取りあげたが、西行作と伝えられている、こういう有名な歌がある。

何事のおはしますかは知らねどもかたじけなさに涙こぼるる

（『西行全歌集』）

僧侶でもあった西行が、伊勢神宮を参拝した時に詠んだとされる歌である。「かたじけない」とは、畏れ多いと恐縮、感謝する気持ちを表す言葉である（「かたじけなさ」の項、参照）。そうした思いのうちに、この世界や宇宙を動かしている大きな、不思議な働きを感じ取っているのである。さきに見た万葉の歌い手たちも、現代のわれわれもまた、「何ごとのおはしますかは知ら」ないままに、そうした働きに向かって、どうかそれがすこしでもよりよい方に働きますように、と祈り願っているのである。

「私か。私も多分祈れまい」

ところで、神や仏への祈りにおいては、当然のことながら、祈る心のあり方がきびしく問われる場合が時としてある。

たとえば、国木田独歩《くにきだどっぽ》は、臨終に際して、かつて彼に洗礼を授けた植村正久《うえむらまさひさ》を呼んで救いを求めたが、植村は、ただ祈れ、心を尽くして祈れば救われると、祈らせようとした。が、独歩は祈らない。祈れないのである。「祈りの文句は極《きわ》めて簡易なれど、祈りの心は難《かた》し、得《え》難し」と泣いて、祈りを拒否している（『病牀録《びょうしょうろく》』）。

「衷心《ちゅうしん》に湧《わ》かざる祈禱《きとう》は主も容《い》れ給《たま》はざらん」、心の底から湧いた祈りでなければ、神も受け入れてくれないだろう――、という以前に、「思想の人、信仰の人は自《みずか》ら欺《あざむ》かざる処にて第一なれ」という独歩には、いささかでも虚偽・ためらいの混じる祈りはどうしてもできなかったのである。

同じ植村から同じころ洗礼を受けながら、独歩と同じようにキリスト教から離れていた正宗白鳥《まさむねはくちょう》は、この独歩の臨終帰依の拒否についてその著作で何度か言及しているが、みずからの場合を予測して、「私か。私も多分祈れまい」と語っていた（「欲望は死より強し」）。

この言葉を述べて八年後、白鳥は亡くなるが、生前「日本製ニヒリスト」とも言われていた白鳥が死を前にして「……アーメン」と祈って死んでいったと伝えられたことは、当時の人々に大きな驚きを与えている。「脳細胞の障害を起し、脳軟化症のような症状で『「アーメン」と祈った』にすぎない」（舟橋聖一）というような批判もあったが、しかし、それはけっして、そう評されるような、まったくの思想文脈のとぎれた事態としてあったわけではない。そこには白鳥なりの、ある行きついた死生観の表現としての祈りがあった。

「死とは何か」は、白鳥生涯の思想主題であり、彼が求め続けたものは、死という問題を正面にすえて、その「真実を追求して本当の所に達した揚句《あげく》の思想」（「文学に於ける「解決」是非」）であった。まやかしやごまかし、なぐさめごとではなく、死の「真実」「本当の所」に達した、その「揚句の思想」を獲得したいのだ、と。

そうした白鳥が、晩年にいたって、こういうことをぽつぽつと言い出している。

どの方面においても真実に徹して知り尽くすことは人間の幸福であらうか。今日このさはやかな秋びよりに浸《ひた》りながら快く生きてゐるのも、明日を知らないためであるともいはれよう。「明日の事を思ひわづらふなかれ。一日の苦労は一日にて足れり」といふ聖語も消極的な処生態度であるが、この言葉も意味深長である。（「秋風記」）

明らかにこれは、「真実を追求して本当の所に達した揚句の思想」ではない。「真実に徹して知り尽くすことは人間の幸福であ」るかどうかは、保留されている。そこには、ある種の「あきらめ」がある。

死の半年前に、白鳥はこうも言っている。

しかしまあ、いま生きてゐる、今日を生きてゐると、明日は、もう一つの光がさすんぢやないか。……つまり世界はこのまゝでいゝんぢやないか、……といふやうなことに、よく没頭しさうになるんです。自分で偉さうな考へをもたないで、そこらの凡人と同じやうな身になつたところに、ほんたうの天国の光がくるんぢやないかといふことを感じることがあるんです。

（「文学生活の六十年」）

「明日」とは、端的に死および死後のことである。経験しないことはわからない、わからないことはわからない、という「凡人」であることを引き受けたところで、「今日を生きてゐると、明日は、もう一つの光がさすんぢやないか」という肯定の言葉を、かろうじて語りえたということであろう。

ここに彼の「……アーメン」があるのであるが、それがキリスト教信仰としていかなるものかの検討は措くとしても、こうしたあり方に、人智では知りえない死を、神々の所為に定められたものとして受けとめようとした本居宣長や、「凡夫」である自己の一切のはからいを捨てて、阿弥陀仏の「不可思議」な働きに身を与《あず》けようとした親鸞らのあり方と、共通のものを見いだすことはできるように思う。

「自分で偉さうな考へをもたないで、そこらの凡人と同じやうな身になつたところ」においてはじめて可能になった祈りである。

「おかげ」と「かげ」について

「おかげさま」とは誰のことか

われわれは、お世話になった人に感謝する場合、「ありがとうございました。おかげさまでうまくいきました」というような表現をする。「おかげさま」とは、「御陰様」で、庇護・恩恵を意味する「陰」に「御」と「様」がついた丁寧表現である。

「おかげさま」とは、まずは、話をしている相手、特定のあなたに向かっての言葉である。あなたの存在や働きがなければ、このたびのことはうまくはいかなかったという感謝の表明である（逆に、「あいつのおかげでひどい目にあった」と言うように、特定対象の存在や働きに対して、「〜のせいだ」とマイナス表現に使われるときもある）。

が、この「おかげさま」の対象は、特定の相手にとどまらないこともある。あることがうまくいったときに、知り合いに「おめでとうございます」と言われて、それに答えて、「ありがとうございます。おかげさまで」と言う。とりわけ、その人の存在や働きによる具体的な支援や恩恵がなかったとしても、いわば、あいさつ言葉としてそう言うのである。「お元気ですか」「はい、おかげさまで」など、とも。

そこに、「おかげ」という言葉がふくみもっているものが見てとれる。「おかげ」とは、「かげ」であり、この場合は、「他の者をおおうように及ぶ、その恩恵・庇護」（『広辞苑』）の意味である。つまり、「おかげ（御陰）」とは、もともと、何かしら神や仏など大いなるものの「かげ」で、その恩恵や庇護を受けるといった意味合いであったということである。たとえば、こういう使われ方。

遠くとも、君の御蔭《みかげ》に洩《も》れてめや、八島《やしま》の外《ほか》も同じ海山　（世阿弥「金島書」）

――遠くとも、君（天皇《すめらみこと》）の御蔭から洩れることはないだろう。八島（八洲）の外とて同じ日本の海山である。

晩年、七四歳で佐渡に流された世阿弥は、この「八島の外」の地においても、なお、尽きることなく続いている天皇の「知ろしめす（治め給う）」世の一隅に、「君の御蔭」を感じ取ることにおいて、その地に安んじて住もうとしたのである。

「おかげまいり（御蔭参り）」とは、江戸時代に間欠的に起こった大群衆の伊勢参りであるが、とくに御蔭（恩恵）のいただけるありがたい年としての「御蔭年《おかげどし》」に顕著に現れたものを指している。現代でも、願い事がかなったことを感謝して神社やお寺に参詣することを「おかげまいり」と言う。いずれも、神や仏の大いなる恩恵・庇護への祈願ないし感謝である。

つまり、こうした意味合いをもった「おかげ」は、特定の対象にも使われながら、それをも超えて、この世に生きるものは、ともに、神や仏の大いなる庇護、あるいは、天道様《てんとう》、世間様といったようなものの、あれこれの恩恵を受けていると感じられたところのものである。

「おかげさま」が特定対象にも使われながら、それをも超えて使われるには、さらに、仏教の縁起《えんぎ》という考え方の影響が考えられる。つまり、この世のものはすべてそれ自身で存在するのではなく、さまざまな人々や物事が相互に関係しあって、つまり、〝縁によって存在している〟という考え方である。われわれは、知らず知らずのうちに、自分以外の多くのものの存在や働きによって、その「おかげ」で生きているのだ、と。

余談になるが、「情けは人のためならず」とは、「人に親切にすれば、その相手のためになるだけでなく、やがてはよい報いとなって自分にもどってくる、ということ」(『大辞泉』)であるが、近年、誤って、「親切にするのはその人のためにならない」の意に用いられているらしい(平成二二年の文化庁「国語に関する世論調査」によれば、誤用率四五・七%、正答率四五・八%)。こうした誤用の背景には、今見た「おかげ」などの言葉のもっている感受性のようなものが薄れてきたという事情もあるのだろう。

「かげ」の意味するもの

「おかげ」「おかげさま」には、本来、不特定なものが想定されていたということとも関わるが、これらの言葉のもっているニュアンスで大切なのは、その援助や恩恵が、「かげ」に隠れて見えない力として働くということであろう。

「陰となり日向《ひなた》となり」という言い方がある。いつでもどこでもぴったりと寄りそい守るという意味である。ここで「陰」とは日の当たらないところ、「日向」とは日の当たるところの意味であるが、「かげ（陰）」という言葉の由来を考えるのに、興味深い言葉の使い方である。つまり、「かげ」という言葉は、（『日本国語大辞典』『角川古典基礎語辞典』などの要点をまとめると）以下のような、きわめて微妙な成り立ちをしている言葉だからである。

①物にさえぎられて光の当たらないところ（物かげ、木《こ》かげ）
②光そのもの（月かげ、火《ほ》かげ）
③光と陰（影）によって見える形・像（人かげ、かげかたち）

以下、こうした用法をひとつずつ見ていこう。

まず、①「物にさえぎられて光の当たらないところ」という、われわれがもっともふつうに使っている「物かげ」「木かげ」「建物のかげ」といった用法がある。むろん、昔から「奥山の岩かげに生《お》ふる菅《すが》の根の」（『万葉集』）などと使ってきた用法でもある。①はさらに、「光が物に当たって、光の反対側に生じる暗い像」をも意味することもある。「夕日に二人のかげが伸びる」「障子にうつるかげ」など、と。前者には、ふつう、「陰」「蔭」の漢字が当てられ、後者には、「影」という漢字が当てられている。

こうした使い方に対して、②「光そのもの」を表す用法がある。たとえば、「灯火《ともしび》のかげにかがよふ」（『万葉集』）とは、「灯火の光に揺れて輝いている」という意味であり、「かげさえてまことに月のあかき夜は」（西行）とは、「月の光の冴えわたった明るい夜は」という意味である。ここでの「かげ」は、「光そのもの」である。

有名な「荒城の月」の歌詞（土井晩翠《どいばんすい》）を取りあげてみよう。

春高楼《こうろう》の花の宴／巡る盃かげさして
千代の松が枝《え》分け出《い》でし／昔の光今いずこ

大意は、春、天守閣のそばで花見の宴会が開かれ、回し飲む盃には「かげがさしている」。千年の古い松の枝の間からこぼれ落ちた昔の光、栄華は今どこに――である。ここでの「かげさして」は、月かげが、つまり、月の光がさしこんでいるということである（「かげ」のこうした用法によれば、前述の「君の御蔭」も、「君のご威光」と解することもできるだろう）。

このように「かげ」は、陰（影）と光をともに指しており、いささか混乱するように見えるが、むしろ、陰と光をくっきりと二分してしまわない、こうした非分離の交錯・重層にこそ、日本人のものの見え方・考え方の要諦がある。

「かげ」は、陰（影）と光をともにさすことによって、次の、③「光と陰（影）によって見える形・像」を表す言葉にもなっている。『万葉集』から大伴家持の歌。

さ夜ふけて暁月《あかときづき》に影見えて鳴くほととぎす聞けばなつかし

――夜がふけて夜明け前の月に姿を見せて鳴くほととぎすの声がなつかしい。

ここでの「影見えて」の「影」とは、影（陰）と光の両方によって、つまり、光に映じて見えてくる物（ほととぎす）の姿のことである。光だけでも、また影だけでも物は見えない。その両方があいまって物の形が見えてくるさまである。

さしこむ光も、その光が当たって見える物の姿・形も、さらには、光の反対側に生じる暗い像も、みな「かげ」と、日本人は言ってきたのである。

「おもかげ」について

以上のような言葉遣いを前提に、以下、「かげ」という言葉の比喩的な用法についていくつか確認しておこう。『古今和歌集』から紀貫之の歌。

色も香も昔の濃《こ》さに匂へども植ゑけむ人の影ぞ恋しき

――色も香りも主人が生きていたときと同じように咲き匂っているが、この梅を植えた人の姿が恋しく思われる。

現実世界での実像ではなく、心のなかに思い浮かべた姿としての「人の影」である。表立つことなく、いつも寄りそっている影法師のようにということでもあり、「かげに見えつつ忘らえぬかも（お姿が目に浮かんできて忘れることができない）」（『万葉集』）ものとしての姿である。そこからさらに、

「かげ」は「亡き人の霊」を指すこともあるし、「亡くなった人の姿、または絵や肖像」のことを「御影《みえい》」とも言う。

「面影」とは、そうした「かげ」のことであり、「現実ではなく、想像や思い出の中にありありと現われる顔や姿」（『岩波古語辞典』）のことである。「兄の面影」「江戸の面影」のように、過ぎ去った記憶を想い起こすものでもあるし、「名を聞くより、やがて面影は推しはからるる心地する」（『徒然草』）のように、会ったことはないが想像される人のさまを言うこともある。

いずれも、現実ではないが、しかし、現実と等しい、あるいは、それ以上のリアリティをもって現れることもある。「うつつ」の「うつ」が「現－実」を意味しながら、同時に、「うつろい（移ろい・映ろい）」、「うつろ」の「うつ」でもあるという、やまと言葉の世界での、微妙にゆらぐ認識論でもある。

中世末期の『閑吟集』から、二首、引いておこう。

さて何とせうぞ　一目《ひとめ》見し面影が　身を離れぬ

——さて、どうしたものか。一目見た面影が身から離れない。

いたづらものや、面影は　身に添ひながら独り寝

——いたずらものだなあ、面影は。身に添い離れないのに、独り寝なんて。

いずれも、現にして実なるもの以上の何ものかとしての「面影」であろう。

「かぜ」について

「かぜの音」「かぜの香」「かぜの色」

「かぜ（風）」とは、自然に起きる空気の流れの気候現象である。風は、人間や生きものが生きるには、水や光とともに必須であり、風との関わりは、古今東西、それぞれの生活や文化のそうとうに深いレベルにまで浸透している。東アジアの温帯モンスーン（季節風）地帯に位置する日本においては、そのことはいっそう顕著である。

日本人の美意識を表す言葉のひとつに、「花鳥風月」という言い方がある。自然の美しい風物の代表としての花・鳥・風・月ということであるが、それを鑑賞したり、材料にして詩歌などを創作したりする風雅・風流な遊びをも意味している。

花・鳥・月は具体的に目に見える対象であり、その意味ではわかりやすい美しさであるが、それに対して、風は直接には見えない、感じるものとしての美しさである。

秋来《き》ぬと目にはさやかに見えねども風の音にぞ驚かれぬる

（藤原敏行、『古今和歌集』）

——秋が来たと、目にははっきりと見えないけれども、聞こえてくる爽やかな風の音で、それと知らされたことだ。

藤原敏行の周知の一首である。四季の移り行きが爽やかに感じられ、それ自体が美しさとして鑑賞されている。ここでは、それが「風の音」という聴覚で感じ取られているのである。むろんそれは、膚《はだ》に涼しく通り過ぎる触覚でも感じ取られてきたものでもあろう。

さらに、そうした風の美しさ・心地よさは、たとえば、「風の香《か》も南に近し最上川《もがみがわ》（この風の香りは、南に近く流れる最上川から運ばれて来るのだろう）」（芭蕉）といった「風の香」のように、香る（薫る）もの、匂うものとして嗅覚の味わいでもある。

そしてまた、それは「目にはさやかに見え」ないものではあるが、かすかな枝や葉のそよぎや簾《すだれ》の揺《ゆ》れなどとして、何ほどかは視覚に映るものでもある。古来「風の色」「風の姿」などと表現されている。「八重葎《やえむぐら》秋のわけ入る風の色（八重葎に吹き分け入る秋風の色）……」（藤原定家《さだいえ》）と使われる「風の色」とは、「（草木などの動きで知られる）風の動き。また、その趣き」の意味である（『広辞苑』）。

このように、風に関わる感受性は、日本人の美意識においては、聞く、触れる、嗅ぐ、そして、見るという、多様な感覚や気配において複合的に感じ取られてきたものである。

「かぜ」という言葉の使われ方

花・鳥・月とは異なる、風の美しさのもっている特別な意味は、ここまでにも使用してきた風物・風雅・風流といった言葉遣いにおいても認められるだろう。あとでも見るように、風情・風味・風光・風趣……といった同種の表現も多い。自然を中心とした、ゆたかでこまやかな美しさが、風との何らかの関わりにおいて表現されているのである。

あらためて、「風」の辞書的語義を確かめておこう。

かぜ（風）

①物を吹き動かし、体には涼しさ・冷たさなどを感じさせる空気の流れ。②人に対する世間のしきたりや流儀。③《名詞に付いて》いかにもそれらしい態度・ようす・そぶりである意を表す。

……

（『明鏡国語辞典』）

まずは、自然の気候現象として、①「物を吹き動かす空気の流れ」が基本である。日本においては、四季折々、さまざまな風のあり方がある。——「風がそよそよ（ぴゅうぴゅう、ごうごう……）吹く」「風が立つ」「風が変わる」「風光る」、また、雨風・寒風・松風・順風・疾風・突風・暴風・旋風・台風・春風・東風《こち》・微風・涼風・海風・汐風……など、日本語には、二千を超える風の名前があると言われる。

次には、自然現象そのものでなく、その比喩表現として、人々に影響を与えてなびかせることから、②「世間のしきたりや流儀」を表す言葉としても広く使われている。——「浮世の風は冷たい」「娑婆《しゃば》の風」「野党に風が吹く」、また、風紀・風習・風俗・風潮・家風・気風・作風・洋風など、あるいは、②の派生として、それとなく伝わるものとして、風説・風評・風聞・風の便りなどとも使われている。

さらには、③「それらしい態度・ようす・そぶり」として、――「先輩風を吹かす」「臆病風に吹かれる」、より一般的に、風采・風体・風景・風土・気風・威風など、と。なかでもとりわけ、味わいとか趣きといった面が強調されると、風物・風雅・風流・風情・風味・風光・風趣・風格などといった言葉となってくる。

むろん、こうした風との関わりは、日本人にかぎらない、どこでもあるごく普遍的なものである。風をふくむ漢字熟語の相当数は中国由来でもあるし、仏教では、風を「地水火風」と、万物を構成する四つの元素（四《し》大《だい》）としている。

が、そうした普遍性を有しながらも、その域をはるかに超える、日本人のより強い風への関わりは、以上のような「風」用語の特殊・多彩な用法からもうかがい知ることができるだろう。それは、われわれの生き方、また、考え方・感じ方の、より根源に近いところにまで及んでいるのである。

「かぜ」と「いのち」

さきにも引いた芭蕉にとって、風は風雅・風流を超えて、おのれを風狂（常軌を逸した風雅）の境にまで誘い、急き立てるものであった。代表作『奥の細道』では、そのことが「序」に、こう書かれている。

予《よ》もいづれの年よりか、片雲の風に誘はれて、漂泊の思ひやまず、……そゞろ神の物につきてこゝろをくるはせ、道祖神のまねきにあひて、取《とる》もの手につかず。……（『奥の細道』）

――私もいつの頃からか、一片の雲が風に誘われて行くように流浪の旅をしたいという気持ちがおさまらないようになってしまった。……そぞろ神がとりついて、狂おしい心境になり、道祖神にも招かれて何も手に付かなくなってしまった。……

漂泊への思いがやまず、心を狂わせるように旅に誘い出すもの、それが「風の誘い」だというのである。風流とは、もともとは、風が流れることで、その流れに身を任せることである。その度が進み徹して風狂になる。

『笈《おい》の小文《こぶみ》』では、自分の体の中に何とも名状しがたいものがあると言い、それを仮に「風羅坊《ふうらぼう》」と名づけ、それが俳諧・遊行の旅へと突き動かしているのだとも言っている。風に破れやすい羅《うすもの》のような「風羅坊」とは、まさに〝芭蕉〟（風を受けて裂けやすい大形多年草）という雅号そのものである。

このように、「風」を特別に感じ取る感受性は、芭蕉ほどでなくとも、そうした芭蕉などをこよなく愛好してきた日本人の心根にある不可欠の興趣のひとつである。そこには、あらゆるものが移り行くという無常観とともに、それをふくめて、より深いところで働く、ある根源的な働きが感じ取られている。

古語辞典では、「かぜ」という言葉がこう説明されている。

かぜ

空気の流動。奈良朝以前には、風は生命のもとと考えられ、風にあたると受胎すると思われていた。転じて、風が吹くと恋人が訪れて来るという俗信があった。また、明日香《あすか》・初瀬《はつせ》など、それぞれの山山に風神がいて風を吹かすものとされていた。（『岩波古語辞典』）

「かぜ」は「生命のもと」とも考えられ、神が吹かすものとも考えられていた。そして、それはそのまま、「いのち」という言葉にもつながっている。「いのち」とは、「イは息、チは勢力。したがって、「息の勢い」が原義。古代人は、生きる根源の力を眼に見えない勢いのはたらきと見たらしい」（『岩波古語辞典』）とされる言葉である。

「いのち」の根源が「息」＝「風」なのである。「風にあたると受胎する」とか、「風が吹くと恋人が訪れて来るという俗信」は、風が、「生きる根源の力」に関わる何ものかでもあったということを示している。芭蕉らが、風の立ち騒ぎに、居ても立ってもいられなくなるのは、そうした力によるものと考えることもできるだろう。

「風」と「息吹」と「たましい」

宮沢賢治においても風は、特別な意味をもって捉えられている。

『風の又三郎』は、「何かするときっと風が吹いてくる」という、風とともに不思議な行動をする少年が主人公の童話であり、『注文の多い料理店』は、「きれいにすきとおった風をたべ」たり、「十一月の山の風のなかに、ふるえながら立ったりしますと、もうどうしてもこんな気がしてしかたないのです」ということを、「そのとおりに書いたまで」の童話集だと言っている。

あるいは、「風が吹き風が吹き／残りの雪にも風が吹き／猫の眼をした神学士にも風が吹き／吹き吹き西の風が吹き／はんの木の房踊る踊る……」と、全編、ひたすら風が吹いていることを書いた詩もある（「風が吹き風が吹き」）。

また、最愛の妹・とし子を失い、彼女を悼んでつくった詩の中で、賢治は、とし子を風の中に感じ取ろうとしている。

――「チモシイの穂がこんなにみじかくなつて／かはるがはるかぜにふかれてゐる／（それは青いいろのピアノの鍵で／かはるがはる風に押されてゐる）……／海がこんなに青いのに／わたくしがまだとし子のことを考へてゐると／なぜおまへはそんなにひとりばかりの妹を／悼んでゐるかと遠いひとびとの表情が言ひ／またわたくしのなかでいふ／(Casual observer! Superficial traveler!)」（「オホーツク挽歌《ばんか》」）。

こうした風の捉え方は、たとえば、妻の死後に「常に身近かに感ずる事が出来」るようになったという「智恵子の息吹」を語る『智恵子抄』（高村光太郎）とか、「千の風になって」（新井満訳詞）、「風になる」（つじあやの）というような発想ともつながってくる。また、より一般的にいえば、霊魂を意味する spirit（スピリット）、anima（アニマ）、psyche（プシュケー）、pneuma（プネウマ）などの言葉には、みな「息吹」「風」という意味がふくまれているということにもつながってくるだろう。

あるいはまた、宮崎駿《はやお》『風の谷のナウシカ』の風の意味。人工的な文明の行き着く先に生じた腐《ふ》海《かい》、瘴気《しょうき》（熱病を起こさせる悪い空気）に対して、自然と共に生きようとするナウシカのあり方を象徴するのが「風の谷」の〝風〟であった。このアニメの主題は、そうした風の意味を問い直そうとするものでもあった。

ちなみに、風邪とは、近世以来「ふうじゃ」と読まれ、感冒を意味するようになった言葉である。まさに邪なる風である新型コロナの「風邪」が吹きやむことが、切に願い求められている。

「なぐさめ」について

「わが心慰めかねつ」

日常のちょっとした不満や気をまぎらすという慰めから、大事なものを失ったり、大きな失敗・挫折したときなどの慰めにいたるまで、われわれは、さまざまに慰めたり、慰められたりしている。前者のような場合はともあれ、後者のような場合の慰めは簡単ではない。どうしても慰められないと思うこともあれば、また、むしろ安易な慰めによって、ひどく傷つくということさえある。なぜ、そういうことが起こるのか。

『古今和歌集』に、詠み人知らずでこういう歌がある。


わが心慰めかねつ更級や姨捨山に照る月を見て

――私は自分の心をどうしても慰めることはできなかった。更級にある、名月で有名な姨捨山に照るその美しい月を見ても。

「慰めかねつ」は、「慰めかね（慰められない）」に、完了の助動詞「つ」がついたもので、慰めようとしてもできない、どうしても慰めることができなかった、ということである。名所で名月を見ながら、ある人がこのように詠んだ。それが、人々の心に何か特別に訴えかけるところがあったのだろう。その後の多くの人々が、この歌をふまえた歌をつくり、物語をつくるようになっていった（『大和物語』『源氏物語』『狭衣物語』『新古今和歌集』『山家集』……等々）。

「わが心慰めかねつ更級や姨捨山に照る月を見て」という歌のいったい何が、それだけ多くの人々の心をつかんだのだろうか、人々はここにどういう思いを重ねて歌い、訴え、語ってきたのだろうか。そこに、慰めということのもっている大事な意味合いを見いだすことができる。

「なぐさむ」「慰」とは

まずは、「なぐさむ（慰む）」という言葉の意味と由来を確認しておこう。やまと言葉の「なぐさむ」は、「なぐさ（慰）」という言葉がもとになっており、「なぐさ」は、「ナグはナギ（凪）やナゴヤカ（和）のナゴと同根。波立ちを静め、おだやかにする意。サは漠然とした方向・場所・場合を示す接尾辞」と説明される。そして、「なぐさむ」は、こう説明される言葉である。

なぐさむ
ナグサの動詞形。……①心の波立ちを静める。②気をまぎらす。心を楽しま す。③気持が静かになる。気がまぎれる。④もてあそぶ。なぐさみものにする。
（『岩波古語辞典』）

凪《なぎ》や和《なご》やかのナギ・ナゴと同じところから出来てきた言葉で、気持ちや心の「波立ちを静め、おだやかにする意」が基本である。人や人の心を「なぐさめる」という他動詞の用法と、みずからが「なぐさめられる」という意味の自動詞の用法が混在している。

また、漢字の「慰」は、こう説明される言葉である。

慰（尉）

心と、おさえのばす意と音を示す尉とから成り、心をなだめる意を表わす。（〔尉とは〕火のしをかけてしわをのばす。……上から押えて正しくする。官名。軍事・警察・刑罰をつかさどる官。やすんじる、なぐさめる意）

（『新字源』）

「火のし」とは、底の平らな焼物の容器に炭火などを入れて、衣類のしわを除く道具（今のアイロン）である。アイロンでしわをのばすように心をなだめ、（大尉・中尉のような）武をつかさどる者が乱れを治めるように、「上からおさえて正しくする」意である。この「慰」の字により明確であるが、これを日本語として使ってきた「慰む」「なぐさむ」は、いずれも、波立ち、乱れ、荒れている心を、おさえ、おさめ、しずめる、ということを基本としている。

こうした言葉の由来はそれなりに理解できるものであるが、しかし、むしろそうであればこそ、さきの「わが心慰めかねつ」の歌にはらむ、心や思いというものは、簡単に、おさえ、おさめ、しずめることはできないものだという問題が、逆に問われてくるであろう。この作者は、名勝の地で、見事な月を見てきれいだなあと賞翫しながらも、それで心を慰めているのではなく、むしろ「慰めかね」ているのであり、そして、そこに多くの人が共感しているのである。なぜ「慰む」のではなく、「慰めかねつ」なのだろうか。

世阿弥「姨捨」の「慰めかねつ」

中世になって、世阿弥は、この「慰めかねつ」の歌を題材に「姨捨《をばすて》」という謡曲を書いている。「姨捨」という、本来哀傷きわまりない事態において、あらためて人の「慰めかねつ」の思いを問い、そうした思いのゆくえを主題にしたのである。

「姨捨」は、概略、以下のような話である。

――かつて姨捨山に捨てられた老女の亡霊が、仲秋の名月を見に来た旅人に、今宵ともに楽しもうと現れる。浄土と見まごうほどに冴えわたる月光の下に、老女の思いは高まり、舞いを舞う。だが、舞いつつも「わが心慰めかねつ更級や　姨捨山に照る月を見て」と、心はついに慰めかね、彼女はなお切なく昔をしのぶ。しかし、やがて夜明けとともに、亡霊の姿は旅人に見えなくなり、老女がいなくなったと思った旅人は姨捨山を去る。老女はひとり、とり残されてしまう。彼女はまた捨てられたのである。曲は最後、「独《ひと》り捨てられて老女が、昔こそあらめ今もまた、姨捨山とぞなりにける、姨捨山となりにけり」と終わる。

この作品の眼目は、単に捨てられたことに対する恨みにあるのではない。そうしたレベルをとうに突きぬけて、いってみれば、人が生き、死んでいくことのもっている、どうにもならない孤独・孤絶が描かれている。

この曲が「冷たい美しさに冴えかかっている」（増田正造『能の表現』）のは、老女の亡霊が、人や月に慰めを求めながらも、なお「慰めかね」て、孤独の深みへとどんどん行ってしまったところ、つまり、「死から生の世界へかえってくるのではなく、死をつきぬけて、別の存在へと変身をとげた」（同）というところにあるのだろう。

「姨捨山とぞなりにける、姨捨山となりにけり」と、静かにたたみかけることでこの曲を終わらせている世阿弥は、人間世界をはるかに突きぬけたところから老女を見、そこに彼女を置いている。それは、あたかも救いも慰めもないような、まさに、やるかたもない状況であるが、しかし世阿弥は、彼女を絶望的に突き放しているわけではけっしてない。こうしたかたちで老女を舞台にのせて、そこでその「慰めかねつ」の思いを表現することにおいて、彼女のこの世にいたこと、また、そうした思いの今もなおあることを、鮮やかに描きだしているのである。

花びらは散る
花は散らない

浄土真宗の思想家・金子大栄の有名な言い方（『歎異抄領解』）を借りれば、こう語られるような「散らない花」があるということである。この言葉は、このままで、「姨捨」の解説にもなっている。

「霊を慰める」とはどういうことか

「散らない花」とは、霊・魂と言われてきたものと別のものではないが、よく言われる「慰霊」「霊を慰める」とは、何をどうすることなのだろう。

それはまずは文字どおり、「死んだ人の霊魂を慰めること」であり、こうした意味で、慰霊式、慰霊祭、慰霊碑等々とポピュラーに使われているが、しかしそれは、死者の残された思いを、単純に、おさえ、おさめ、しずめるということではない。

霊が「浮かばれない」とか「浮かばれる」といった言い方がある。「浮かばれない」とは、死んだあとの霊が無念の思いや報われない思いを残していて、いわゆる成仏ができないことを言う。「浮かばれる」とは、霊が慰められて成仏できることを言う。より広くは、面目が立つこと、立つ瀬があること、それとして評価されることなども意味している。

「浮かぶ」と「沈(鎮)める」ではほぼ逆向きのことであり、そこにはなおいくつか考え合わせるべきものがあるが、ともあれ、「霊を慰める」ということが、けっして単純に、おさえ、おさめ、しずめることではなく、その人の残した思い、とりわけ「慰めかねつ」の思いを聴きとどけ、受けとめ、「浮かび」上がらせること自体にもあるということは、あらためて確認しておく必要があるだろう。

「姨捨」というのは、特殊な時代の特殊な風習ではない。それはいわば、いついかなる時代においても、「老いて、死ぬ」ということ自体がもっている「さびしさ」であり、それはついに解消しえない「慰めかねつ」の思いのメタファー（喩）である。豪華な施設に入れられようが、粗末な施設に入れられようが、あるいは最後まで家族と一緒に暮らしていようが、「老いて、死ぬ」最後のところで人は「ひとり」であり、すべての人がいわゆる「姨捨」という事態を迎えるという言い方もできるということである。

その「ひとり」は「慰めきれないこと」であり、当人も「慰みきれないこと」だろう。あるいは、その「ひとり」は、人間世界をはるかに突きぬけたところから見返し、受けとり直すしかないことでもあるが、そこでわれわれができることは、それでもなお慰め続けることだけである。

簡単に慰めえた、鎮めえたと思ったとき、それは相手を――さきの「なぐさむ」の語義の④に挙げられているように――「なぐさみものにしている、もてあそんでいる」にすぎない。慰めには、本質的に「慰めかねつ」がうちにふくまれているのである。

慰めの言葉とは何か。一種の傲慢ではありますまいか。悲痛のどん底に沈んでいる人間に向って、何を発言すればいいのか。たとい発言したところで、それが何になるのか。その人間の勇気をふるいたたせ、心を暖めるであろうと言いますが、この予想のなかに、傲慢があるのです。粗い神経がみられるのです。……宗教家などにこの例が多い。我々は自覚することなくして、人を傷つけやすい。人の悲哀をせんさくし、その悲哀を「慰めの言葉」によって弄《もてあそ》ぶ。

（亀井勝一郎『愛の無常について』）

すべての慰めが亀井の指摘するようなものではないが、しかしまた、そこには、亀井の指摘するような事態が忍び込みやすいのも事実である。くりかえしておけば、慰めには、本質的に「慰めかねっ」がふくまれているのであり、われわれにできることは、そのことを承知のうえで、慰め続ける以外にないということである。人も自分も。

「まつ（待つ）」について

「待つ」という主題

ここ二、三十年のＩＴ機器の発達は、人々の生活における「待つ」ということの意味を大きく変えてきた。一例を挙げれば、携帯電話が普及したことで、われわれは、相手が来るか来ないかわからないままに「待つ」などということはしなくなった。約束の時間がすこしでも過ぎれば、すぐさま、今どこ？　などと確かめようとする。こうした社会では、「待たせないこと」が「サービス」の基本であり、「はやくしなさい」が子どもたちへの叱り言葉の日常になる。

その意味で、現代は待たなくてよい社会、待つことのできない社会になりつつあるとも言える。鷲田清一『「待つ」ということ』は、こうした、現代社会が失いつつある「待つ」という行為や感覚を、哲学のテーマとして考察した名著である。ここでも、日本人の心のあり方を考えるひとつの手がかりとして、あらためて考えてみよう。

古来、和歌や物語、その他において、どれだけ多くの「待つ」姿が描かれてきたことか。待ち遠しく、待ちこがれ、待ちわび、待ちかね、待ちきれなくて、待ちくたびれ……、なお待ち続けたり、やめてしまったり……。それぞれの場合において、「待つ」ということが、それだけ大きな意味をもっていたということであろう。

世阿弥・三島由紀夫の「班女」

具体例で見ておこう。たとえば、世阿弥の「班女《はんじょ》」という作品のテーマは、「待つ」ということである。

——主人公の遊女は、ある男と情を交わし、かならず迎えに来るという男の言葉を信じ、客もとらずにただひたすらに男を待つ。その常軌を逸したふるまいゆえに宿の長に追い出され、さまよいながらも、「わが待つ人よりの、おとづれ」を待ち続ける。やがて、「心だに、真《まこと》の道に叶《かな》ひなば、祈らずとても、神や守らん」との言葉どおりに、糺《ただす》の森の神のはからいで別れた男と再会できる。

ただこれだけの単純なストーリーながら、その「恋慕《れんぼ》の専《もっぱ》らなり」（世阿弥『五音曲条々《ごおんぎょくじょうじょう》』）というあり方において名曲とされている。この作品をもとに、近代能「班女」を翻案した三島由紀夫は、そのことをこう評している。

> 「班女」のヒロインは、他の登場人物たちの住んでゐる世間から、狂気によつて高く飛翔した、あるひは深く沈潜した、一種の神なのであつた。
>
> （「班女について」）

ひたすら「待つ」という思いの高さ・深さが神に届くことによって再会できた、というより、そこまで「待つ」ことができるありようそれ自体が、すでに「一種の神」だというのである。それはほぼ「狂気」と選ぶところがない。

三島自身の「班女」においては、主人公の「待つ女」の「待つ」は、そのあまりの強度ゆえに、「実在の恋人を超えてしまふ」（同）。つまり、実際に男と再会することができたにもかかわらず、彼女は「あなたはちがうわ。あなたのお顔は死んでいるんだもの」と、当の相手をスルーしてしまう。

実在の男は、すでに「待ちこがれた」存在ではない。「待つ」は、本来「〜を待つ」という他動詞であるが、そこでは、その目的語「〜を」という対象の実質が消え、ただ「待つ」だけに純化して自動詞化してしまったともいえよう。その「待つ」は、「待つ」べき実質対象を持たないままに、しかしそれゆえ、無限に「待ち続ける」ということになる。

誰が誰を「待つ」のか

三島「班女」のように、「〜を」の実質をもたずに「待つ」というのは、いささか奇異に見えるが、「待つ」という営みには、ややもすれば、そうした気味が忍びこむことがありうる。世阿弥「班女」の「待つ」あり方の「専ら《もっぱ》」さにも、それは、ある種の「現《うつつ》なさ（狂気）」として何ほどかは認めることができるだろう。

観阿弥《かんあみ》・世阿弥父子が作った「松風」も、題もふくめて「待つ（松）」が主題の一曲であり、そうした点をあらためて考えさせるものである。

――在原行平《ありわらのゆきひら》が須磨に行って、松風・村雨《むらさめ》という二人の海女を見初め、恋をする。やがて行平は、かならず帰ってくると言い残して京に戻り、ほどなく死んでしまう。残された二人の女は、彼が死んでも、また彼女ら自身が死んでしまっても、なお亡霊として残って彼を待ち続ける。

能では、旅の僧が須磨の地に来て、行平、そして二人の女のゆかりの旧跡の松のもとで弔うと、二人の女の亡霊が現れ、これまでの消息を切々と訴える。男の、「立ち別れ。因幡《いなば》の山の峰に生《お》ふる、待つとし聞かば、今帰り来ん（お別れしますが、因幡の山の峰に生えている松の木のように、私の帰りを待つと聞いたならば、すぐにでも帰って来ましょう）」という、ただこれだけの言葉を頼りに、ここまでこうしてずっと待ち続けたというのである。切ない思いのあれこれを聴きとげた後、旅の僧が二人を弔い、亡霊は消えていく――。

ここでは、「待つ」べき実在の相手はおろか、「待つ」自分すらもすでに死んでいる。それでも「待つ」という思いだけは残り続けるのである。一曲の主題は、その、とり残された「待つ」という思いであり、それほどに「待つ」ということの意味は重い（この曲では、ともあれ、二人の行きどころのないその思いは、ワキ〈旅の僧〉や観客に聴かれ共感されることによって、また弔われることによって、ある種の安定を得ている）。

「みずから」「おのずから」に「待つ」

このように、「待つ」には、ともすれば、その目的語も主語も置き去りにしてしまうような事態も起こりえる。「待つ」という営みには、それだけ、われわれ自身の意思などを超えた働きがあるということであろう。

あらためて、「待つ」の辞書的な意味を確認しておこう。

まつ（待つ）
①物事・人・時が来るのを予期し、願い望みながら、それまでの時間を過ごす。②しようとする動作を途中でやめる。「ちょっと、待ちなさい」③相手の反応や態度がわかるまで静観する。「むこうの出方を待って対処する」……（『大辞泉』）

いずれも、「〜を待つ」の「〜」に思いをかけながら、みずからは、他のことで時間を過ごしたり、動作を途中でやめたり、静観したりするということで、「待つ」ということが説明されている。古語に戻って確認すると、「待つ」とは、「相手からの働きかけや約束の実現を予期して、自分では行動せずに、そのままじっと控《ひか》えている意」（『角川古典基礎語辞典』）なのである。

熟田津《にきたつ》に船乗《ふなの》りせむと月待てば潮もかなひぬ今は漕ぎ出でな（額田王《ぬかたのおおきみ》、『万葉集』）
——熟田津で、船を出そうと月の出を待っていると、いよいよ潮の流れも良くなってきた。さあ今こそ漕ぎ出そう。

『角川古典基礎語辞典』では、こうした歌を挙げながら、「待つ」とは、「季節、動植物、潮や波などの天象や自然の現象が周期的にめぐって期待した状況となるまで、願いつつじっとしている」ことだとし、さらに、「人間関係・社会状況・年齢など、物事の時期が熟するのを望みながら、それまで自分からは行動を起こさずにいる」場合にも使われると説明している。そこには、「おのずから」成《な》ることに合わせて、「みずから」為《す》ることを重ね、実現していこうとする日本人の心根にある発想を見いだすことができるだろう。

「待てば海路の日和《ひより》あり（じっと待っていれば出航にふさわしい日がかならず訪れる）」「果報は寝て待て」「縁と浮世は末を待て（良縁と世の好機は自然に訪れるまで気長に待て）」、ということである。

「待つがいい」

「ただしさ」の項で引いた高村光太郎「火星が出ている」をあらためて引用しておこう。

要するにどうすればいいか、という問いは、
折角《せっかく》たどった思索の道を初《はじめ》にかえす。
要するにどうでもいいのか。／否《いな》、否、無限大に否。
待つがいい、／そうして第一の力を以《もっ》て、
そんな問いに急ぐお前の弱さを滅ぼすがいい。
予約された結果を思うのは卑《いや》しい。
正しい原因に生きる事、それのみが浄《きよ》い。……

「要するにどうすればいいか」という、せっぱつまった問いは、ここでは問い自体が保留され、

「待つがいい、／そうして第一の力を以て、／そんな問いに急ぐお前の弱さを滅ぼすがいい」と突き放されている。

「待つ」ということは、「そんな問いに急ぐお前の弱さを滅ぼす」ことであり、あれこれ先走りして「結果」をほしがることをとどめることである。大事なことは、「結果」を云々することではなく、今ここで内から湧いてくるであろう「正しい原因に生きる事」であり、それは、言い換えれば、われわれもその一片である大きな自然・必然の働き（火星に象徴される「第一の力」）に身を任せるということである。それが、高村の「待つがいい」なのである。

あらためて、鷲田清一『「待つ」ということ』では、「待つ」ということにふくまれる、自分の意のままにならないもの、どうしようもないもの、じっとしているしかないもの、そういうものへの大事な感受性が再確認されている。

ちなみに、白川静『字訓《じくん》』では、「待つ」とは、「神聖なるものの出現を期待し、それに奉仕することを意味する語」と説明されている。

「わかれ」について

「生者必滅、会者定離」

「わかれ（別れ）」とは、もともと、「分かれ」であって、「入りまじり一体となっているものごと・状態が、ある区切り目を持って別のものになる意」（『岩波古語辞典』）である。それは、たとえば、細胞が分裂して成長していくように、人生の節目、折目にある新しい出立ということもあるが、それらをもふくめて、「わかれ」には、どうしても悲しみがともなう。ましてや、死という「わかれ」においては、それは痛切である。

『平家物語』巻第十「維盛入水《じゆすい》」に、こういう一節がある。

生者必滅、会者定離は浮世の習にて候なり。末の露もとのしづくの例《ためし》あれば、たとひ遅速の不同はありとも、おくれ先立つ御別《おんわかれ》、遂になくてしもや候ふべき。

——生きている者はかならず滅び、会う者はかならず別れるというのは、この世のならわし。葉の先についた露も根元の雫も早い遅いの違いはあれ、いつか消えてしまうものだという例もあるように、たとえ遅速の差はあっても、後になり先になるお別れの時がついにはかならずあるものです。

平家嫡流《ちゃくりゅう》の維盛は、一門からも離脱し、妻子への断ちがたい未練を残しながら、熊野で入水し果てていくが、その直前の、滝口入道の引導の言葉である。『平家物語』には、この「維盛入水」の前に、滝口入道自身の、「飽《あ》かで別れし女（厭になって別れたのではない女）」である横笛《よこぶえ》との切ない悲恋が語られており、「生者必滅、会者定離（生きている者はかならず滅び、会う者はかならず別れる）」は、物語全編を通してくりかえし語られる主要なテーマのひとつである。

「生者必滅、会者定離」とは、仏教の無常の教えである。この世のあらゆるものは移り変わり、常なるものはどこにもない。だから、生きている者はかならず滅び、会う者はかならず別れる。なのに、変わることを認めず、変わらないことを求めるから、そこに苦しみが生まれるのだ、と。

四苦八苦《しくはっく》とは、仏教の説くこの世の四つの苦しみ、八つの苦しみであるが、生・老・病・死の四苦に続いて説かれるのが「愛別離苦」という苦しみ――愛している者と別離せざるをえない苦しみ――である。四苦八苦のすべてがそうであるように、この苦しみもまた、どうあっても避けられない苦しみなのである。

「さらぬ別れ」

「会者定離」「愛別離苦」が、動かしようのない真実であるのは、われわれの人生の折々に「わかれ」があるから（それには、当然、再会可能なものもある）だけでなく、最終的に「死別」という「わかれ」が、われわれを待ち受けているからである。

「さらぬ別れ」という言葉がある。――動詞「避《さ》る」の未然形「避ら」に、打ち消しの助動詞「ず」の連体形「ぬ」が受けて、「避けることができない死」という意味である。ちなみに、「さる」というやまと言葉は、漢字を当てれば、「避る」「去る」であり、「去る」とは、「こちらの気持にかかわりなく、移動して来たり、移動して行ったりする意」（『岩波古語辞典』）である。ともに、「われわれの気持にかかわりなく」去来する働きのことである。

『伊勢物語』に、有名な応答歌がある。

老いぬればさらぬ別れもありといへばいよいよ見まくほしき君かな

〔この歌に対する返歌〕

世の中にさらぬ別れのなくもがな千代もといのる人の子のため

――年老いてしまえば、避けられない別れ（死）ということもあるので、ますます会いたいと思われるあなたですよ。／この世の中に避けられない別れなどなければいいのに。千年も生きてほしいと願う子どものために。

ある男が宮仕えしていて、田舎に住んでいる母親をあまり尋ねられずにいたら、田舎から急なことと言って、「老いぬれば……」の歌が送られてきた。それを見て、男が「痛《いと》ううち泣きて詠める（ひどく切ながって泣いて詠んだ）」のが「世の中に……」の歌である。親子恩愛の「さらぬ別れ」の情である。

「会うは別れの始め」

「会者定離」は、また、「会うは別れの始め」とも言い習わされてきた。こちらは、白居易《はくきょい》の『白《はく》氏文集《しもんじゅう》』の一句に拠っている。

　合うは離《わか》れの始めにして、楽しみは憂《うれ》いの伏《ふく》する所なり
——出合いは別れの始めであり、楽しみもそうした別れの憂いをふくんだものである。

まさに「愛別離苦」ということでもある。このような「会者定離」「愛別離苦」、そして「会うは別れの始め」とは、われわれにはどうにもならないこの世の真実である。しかし問題は、それが真実だからといって、「会う（合う）」こと、「愛する」ことをやめろということにはならない、なれないということであろう。

狂言「墨塗《すみぬり》」の一節。

　逢ふは別れの始とは申せども、加様《かよう》にはかない御別《おんわかれ》に成《な》うと存《ぞん》じたらば、御馴染《おんなじみ》申《もうす》まい物を
——「会ふは別れの初め」とやら申しますが、このようなはかないお別れになると存じたならば、初めからお馴れ申しますまいものを。

「逢うは別れの始めとは言うけれど、このようにはかないお別れになると知っていたならば、慣れ親しみ合わなかったものを」と嘆いている。あるいは、「はじめよりあふはわかれと聞きながら暁《あかつき》知らで（朝になって別れるのも知らずに）人を恋ひける」（藤原定家「洞院百首《とういんひゃくしゅ》」）もまた同様であるが、そうは知りながら、人々は馴れていくし、親しんでいく、恋うていくのである。

さきの『伊勢物語』の親子の嘆く「別れのなくもがな（別れがなければいい）」、「千代もといのる（千年も生きてほしいと願う）」ことは、まさに煩悩であるが、しかし、わかっていても、そう願い、祈らざるをえない。人間であるかぎり。

哲学者・西田幾多郎《きたろう》は、六歳のかわいいさかりの娘を亡くしたとき、こう述べている。

親の愛はまことに愚痴である、冷静に外より見たならば、たわいない愚痴と思われるであろう、しかし余《よ》は今度この人間の愚痴というものの中に、人情の味のあることを悟った。……人間の仕事は人情ということを離れて外《ほか》に目的があるのではない、学問も事業も究竟《くっきょう》の目的は人情の為にするのである。（『思索と体験』）

愚痴とは、もと仏教語で、「物事を正しく認識したり判断したりできないこと。愚かであること」を表し、日常語としては、「言ってもしかたがないことを言って嘆くこと」である（『大辞林』）。

ここで西田は、むしろ、そうした「人間の愚痴というもの」にこそ「人情の味」があるのであり、「人間の仕事は人情ということを離れて外に目的があるのではない、学問も事業も究竟の目的は人情の為にするのである」と言い切っている。あの西田哲学とは、こうした愚痴のような、どうにもならない切なさ・悲哀を考えるところから出発しているのである。

「別れ」としての死

述べてきたように、「会者定離」「愛別離苦」、また「会うは別れの始め」とは、死をはじめとする、この世のどうにもならない無常の教えである。が、無常とは、何もかもが無くなるという意味ではない。宗教学者の岸本英夫は、十年にわたって癌と闘い、死を見つめ続けるなかで、「別れ」としての死という考え方にたどり着いている（『死を見つめる心』）。

彼は、病気になった当初は、今ここにいる自分が死によってどうなるかという問題ばかりを考えていた。――死において、この自分が「無」になってしまえば、この自分も、この世界の何もかも「無」くなってしまうのかという思いにとらわれ、身の毛もよだつほどの恐怖を感じたという。

しかし、癌宣告から幾度もの手術をくりかえし、死を見つめていくなかで、死とはけっして「無」などという経験ではなく、それはどこまでも「別れ」という事柄ではないかと発見することによって、ある種の了解、納得を得たというのである。

つまり、「別れ」としての死というのは、時折われわれが経験し、乗り越えてきた別れとまったく違ったものなのではなく、ただ「大仕掛《おおじか》けの、徹底した」「大きな、全体的な別れ」にすぎないのだ、と。だから、「死も、そのつもりで心の準備をすれば、耐えられるのではないだろうか」、と。

ただ、とはいえ、むろん、死という別れは、ほかの別れとは違う。

この船出はどこへゆくかわからない船出である。自分の心を一杯にしているのは、いまいる人たちに別れを惜しむということであり、自分の生きてきた世界に、うしろ髪をひかれるからこそ、最後まで気が違わないで死んでゆくことができるのではないか、死とはそういう別れかただ。

（『死を見つめる心』）

つまり、当たり前のことのようでもあるが、「別れ」としての死とは、そうした「うしろ髪をひかれる」世界があることにおいてはじめて可能だということである。そして大事なことは、その意味でも、死は「無」ではないということである。「別れ」ゆく世界が厳《げん》としてあるということを、あらためて確認・承認するということであり、また、そこに生きてきた自分自身を、あらためて確認・承認するということでもある。

そこにはじめて、「別れ」が成立する。そうである以上、そこには当然、悲しみがあるが、くりかえせば、悲しみがあるからこそ、「うしろ髪をひかれるからこそ」、「最後まで気が違わないで死んでゆくことができる」のである。

このあとくわしく見るように、「さらば」「さようなら」とは、「然《さ》あらば」「さようならば」と、これまでのことを確認して別れるあいさつ言葉である。別れゆく世界と、別れていくこの自分を「さようならば」と確認・承認できるとき、その別れは何ほどかは受け入れやすいものになる。もともと接続詞であった「さらば」「さようならば」には、この先どうなるかは問わないままに、しかし、未来へと何らかのかたちでつながっていける、だいじょうぶだ、といったような思いも込められているのである。ふだん意識的ではないが、大事な含意である。

岸本の次男・岸本雄二の「父の死生観」には、「担架で自宅から東大病院へ移されるとき、父はなんどもなんども「サヨナラ、サヨナラ」と、ひとりひとりに別れを告げていった」と記されている。

「さようなら」について

日本と世界の別れ言葉

一九六四年の東京オリンピックの閉会式で、電光掲示板に「SAYONARA」の文字が浮かび上がり、この言葉は一気に世界中に知られた。「さらば」「さよ（う）なら」は、日本人が昔から使ってきた別れ言葉である。「さらば」「さようなら」とは、もともとは「然《さ》あらば」「さようであるならば」といった接続詞であったものが、別れ言葉になったものである。考えてみれば、こうした、ちょっと不思議な言葉遣いで、日本人は別れてきたのである。こうした日本人の別れ言葉について考えてみよう。

世界の別れ言葉は、およそ、以下の三つのタイプに分けることができる。

①Good-bye（グッドバイ）やAdieu（アデュー）のような、「神の御許《みもと》に」と願うもの。

②See you again（シーユーアゲイン）やAuf Wiedersehen（アウフヴィダーゼーエン）のような、「また会おう」と再会を願うもの。

③Farewell（フェアウェル）やアンニョン（安寧）ヒ ゲセヨのように、「お元気で」と願うもの。

日本人の場合、①のような別れ言葉はあまり使わないが、②のように、「またね」とか「じゃあ、また」と言って別れるし、③のように、「お元気で」とか「御機嫌よう」という別れ言葉はごくふつうに使われている。

しかし何といっても、日本人の別れ言葉としては、「さらば」「さようなら」という、①②③のいずれでもない独特な別れ方がもっとも一般的であったし、現代では、それとまったく同じような発想の「それでは」「では」「じゃあ」「ほな」も頻繁に使われている。

なぜ日本人は、このように、「さようなら」「それでは」といった言い方で別れてきたのだろうか。その別れ方が、世界では一般的でないとすれば、それは、日本人の、人生や世界のどのような捉え方に基づいているのだろうか。

「さらば」「さようなら」は接続詞

「さらば」「さようなら」とは、もともとは、これまでのことを受けて、これからのことが起こることを示す、「然《さ》あらば」「さようであるならば」、という意味の接続詞であった（「……、さらば行かむ」＝「……、さようであるならば、行こう」）が、それがやがて、別れ言葉として自立して使われるようになったものである。

そこには、別れに際して、「さようであるならば」と、いったん立ちどまり、何かを確認することで、次のことに進んで行こうとする（ということは、逆に、そうした確認がないと次に進んで行きにくい）という、日本人の独特な発想がひそんでいるのではないかといわれている。

たとえば、日本の小、中学校などでする、起立・礼・着席といったあいさつ・儀式や、電車の発車時の出発・進行といった車掌のかけ声、さらには、祭りの「ヤア」「ドッコイショ」「チョイト」といった囃《はや》し声など、ことの移り行きをあえて言葉にして確認しながら進めるやり方は、われわれにはまったく見慣れた光景であるが、外国人からすればめずらしいことのようである。

ある本にこういう面白いエピソードが紹介されていた。

――あるフランス人の研究者が初めて日本語で研究発表をしたとき、結論を述べて発表を終えたが、会場からは何の反応もなかった、と。その原因は、発表の終わりに、「以上です」という意味の言葉がなかったから、というのである（フランス・ドルヌ、小林康夫『日本語の森を歩いて』）。たしかに日本人には、そうした「ここまでだ」「ここで終わる」ということを、何かしらの言葉にして確認することによって次の場面に移って行く、というような傾向、心の構えのようなものがある。

「さようであるならば」とは

ならば、「さようであるならば」というのは、そこで何を確認しているのだろうか。

むろんあいさつ言葉であるから、いつも意識的にそうしているというわけではない。が、「さようであるならば」と言っているかぎり、何かしらの「さよう」の中味が考えられる。その中味の問題である。

そうあらためて考えてみると、そこには、二つのことが指摘できるように思う。一つは、その別れの時までに自分自身がやってきたさまざまなの事柄の確認であり、もう一つは、その別れの時までに自分の努力や思いを超えて働いてきたであろう不可避・必然の事柄の確認である。

まず、前者から見ておこう。問題を見やすくするために、すこし具体的に、別れの最たるものである死の場合を例にとってみよう。

はやくから「死の医学」を提唱してきた作家の柳田邦男さんは、現代は「自分で自分の死を創る時代」だと言っている。「自分の死を創る」とは、自分が生きてきたさまざまな出来事を、何らかのかたちで自分でまとめ、確認することによって、来たるべき死を受けとめるということである（『「死の医学」への日記』）。

それはまさに、人生を「さようであるならば」と確認しようとすることであろう。それまでの自分の来し方を自分なりの言葉にし、いわば一つの物語のようにまとめ上げることによって、死というものを受容しようとするということである。

『平家物語』の終わり近くに、壇ノ浦の合戦で敗れ、死んでいく平家の武将の一人、平知盛が、最期に、次のように言って入水自殺する周知の場面がある。

見るべき程の事は見つ、今は自害せん。

知盛は、平家の武将として自分が見てきたことのあれこれを思い返しながら、やるべきことはやった、これでよし、これでお終《しま》いだと、みずからの生を総括し、完結させたのである。ここには

「さらば」という言葉はないが、「今は」とは、実質的な「さらば」であろう（「今はの言葉」というときの「今は」でもある）。「さらば」「さようならば」には、まず、こうした自分自身がやってきたことの総括・確認ということが考えられる。

が、ここでもそうであるが、そこでは同時に、自分一己のやってきたことだけでなく、戦い全体の趨勢とか、平家一門の運命といったような、自分を超え、自分にもどうにもならない事柄の確認もなされているはずである。そもそも死は戦死のみならず、生き物としての人間にとって不可避・必然の事柄でもある。

死という別れだけでなく、一般的に、あらゆる別れには、何ほどか、不可避・必然の働きというものがある。「さようであるならば」の「さよう」には、もう一つの、そうした事柄の確認ということが考えられる。

「サヨナラ」ほど美しい別れの言葉を知らない、と言ったアメリカの紀行作家、アン・リンドバーグの「サヨナラ」理解は、おもにこちらの方の考え方である。

「サヨナラ」を文字どおりに訳すと、「そうならなければならないなら」という意味だという。……Auf Wiedersehen や Au revoir や Till we meet again のように、別れの痛みを再会の希望によって紛らそうという試みを「サヨナラ」はしない。目をしばたたいて涙を健気に抑えて告げる Farewell のように、別離の苦い味わいを避けてもいない。……「サヨナラ」は言いすぎもしなければ、言い足りなくもない。それは事実をあるがままに受けいれている。人生の理解のすべてがその四音のうちにこもっている。ひそかにくすぶっているものを含めて、すべての感情がそのうちに埋《うず》み火のようにこもっているが、それ自体は何も語らない。言葉にしないGood-byであり、心をこめて手を握る暖かさなのだ——「サヨナラ」は。（『翼よ、北に』）

世の中には出会いや別れをふくめて自分の力だけではどうにもならない不可避・必然の働きがあるが、日本人は、それをそれとして静かに引き受け、「そうならなければならないなら」という意味で「サヨナラ」と言って別れているのだと、リンドバーグは理解している。

イタリア文学者の須賀敦子は、リンドバーグのこの文章を読んで、こう述べている。

——ともすると日本から逃げ去ろうとするときに、「あなたの国には「さようなら」がある、と、思ってもみなかった勇気のようなものを与えてくれた」、と（『遠い朝の本たち』）。それだけの力をもったものとして、「さようなら」という言葉の存在が受けとめられていたということである。

弾み・勢いを秘める「さらば」「さようなら」

以上のような「さらば」「さようなら」が、しばしば、ある種の弾《はず》み・勢いをもった言葉とともに語られていることに注目しておきたい。

• 大将、よしさらばとて帰り給ひぬ。（『宇津保《うつぼ》物語』）

• いざさらば　盛りを思ふも　ほどもあらじ　藐《は》姑《こ》射《や》が峯の　花にむつれし（西行『山家集』）

――藐姑射が峯（鳥羽上皇の仙洞御所のこと）の桜花になじんできたが、その花盛りを思うのもしばしのこと、いざお暇《いとま》しよう。

・思えばいと疾《と》し　今こそわかれめ　いざさらば　（「仰げば尊し」）

「いざ」は、人を誘うときや自分が思い切った行動を起こすときに弾みをつけようと使う言葉であり、「よし」は、満足ではないが仕方がない、ままよ、と許容する言葉である。「さらば」「さようなら」は、事態が事態だけに、そこには何かしらの思い切りがあり、諦め・決断がある。それが、こうした言葉とともに語られることにおいて、次のことへと移って行ける、行こうとしているということである。

『東海道中膝栗毛《とうかいどうちゆうひざくりげ》』の作者、十返舎一九《じつぺんしやいつく》の辞世の歌は、次のようなものである（〝辞世〟という、あまり外国には見られない最期の思いの表出のあり方自体も、まさに「さようであるならば」の総括行為と考えられる）。

この世をばどりゃおいとまに線香《せんこう》と　ともにつひには灰左様《はいさよう》なら

いうまでもなく、「灰」は、皆ついには「灰」になるという意味と、「はい、さようなら」の「はい」とが掛けられている。ここには、軽妙なまでの死の受容が見られるが、それが、こうした「はい」とか「どりゃ」といったかけ声とともになされていることをあらためて確認しておきたい。

「さようなら」のその先へ

最後に、もうひとつ大事なことがある。

「さようなら」は、もともと接続詞、つなぎの言葉であった。「さようであるならば」という確認でとどめているのであり、その先どうする、どうなるということを語らないままに別れているということの意味である。

それは、この先どうなるかは問わないままに、ともあれ、過去をふまえ、現在を確認・総括することにおいて、この先へと何らかのかたちでつながって行けるのではないかという、いわば呪《まじな》いのようなものとも考えることができる。

死の問題でいえば、死や死後のことはどういうものであるかはわからないが、これまでのことを「さようであるならば」と確認できたならば、死んだとしてもこの先、何とかなる、だいじょうぶだといったような思いがそこにはあるということである。甘えといえば甘えなのかもしれないが、それもまた祖先たちの持ち来たった大事な知恵の財産のように思う。

「さようなら」は、それだけの力のある言葉だということである。

おわりに――やまと言葉の系譜――

九鬼周造の「情緒の系図――歌を手引として」は、当時編まれた『新万葉集』所載の和歌を材料に、日本人の感情の諸相を「系譜的連絡」によって分類・分析したものである。その最後には、まさに系図にもまとめられ、日本人の感情の有機的な関連・脈絡・分岐のありようの全貌をうかがい知ることができる。

こうしたものをモデルとして念頭におきながら（とはいえ、感情語だけではないし、また、とても「系図」「系譜」的分類とはいえないが）、本書で扱ってきたそれぞれのやまと言葉を、各部ごとに一定の「系譜的連絡」をつけてまとめておこう。

その際、本書に収めなかった、他の著作『やまと言葉で哲学する』『やまと言葉で〈日本〉を思想する』（ともに春秋社）、さらには、『「おのずから」と「みずから」』（ちくま学芸文庫）で取り上げた、他のいくつかのやまと言葉もあわせ補いつつ、まとめておきたい。

「**もてなし**」とは、本来、見返りを求めずに相手を遇しようとする意識的な営み（「もて－なす」）であり、サービス（召使い《サーバント》と同語源で、主従関係に類する関係に基づいて提供される）とは基本的に異なる含意をもつ。「もてなす」側が、どこまでも自発的に工夫し、配慮することによって為されるものである。そして、その分、それが押しつけにならないか、わざとらしくならないかに、細心の注意が求められる。

押しつけでない、わざとらしくない「もてなし」には、幾重もの「わざと」が前提とされている。「**わざ**」は、基本的にある意図をもって行われるものであるが、武道や芸能などの習練で身につけた技術などのように、それは自然の「おのずから」の境位にまで達しなければ完成したとは見られない。その意味で、「わざ」は「人間わざ」でありながら、つねに何ほどか、「神わざ」のようなものが目指されている（「人間わざ」という言葉は、つねに「人間わざではない」と使われる）。

あるべき「もてなし」には、提供する側にも享受する側にも、欲求と節制のほどよい加減をもった「**たしなみ**」が求められる。「たしなみ」とは、〈好んで親しみながら〉というエロスと、〈一定の「つつしみ」をもって〉というモラルの、ほぼ逆向きのベクトルが一語に込められている。嗜好としての「たしなみ」は、手放しの好みの追求ではなく抑制のきいたものであるし、抑制としての「たしなみ」（「身だしなみ」など）は、好んで親しむうえでのほどよい「つつしみ」である。

「**つつしみ**」とは、「みずから」を包み抑え、かしこまる自制であるが、自閉的なものではない。「つつしむ」ことにおいて、むしろ「おのずから」に従う営みである。近世儒教において、「敬」とは「つつしみ」のことであり、天地・自然の道への畏敬をもっての随順であった（→「かたじけなさ」）。また、「秘すれば花」、あるいは幽玄、わび・さびといった一連の美意識は、いわば「つつしみ」の美学である（なお、近代和製漢熟語である自粛とは、「自《みずか》ら」粛すという意味であるが、ややもすれば「自《おの》ずから」粛している意味合いで使われていることが多い）。

「たしなみ」のある「つつしみ」深い人の表情には、「**ほほえみ**」が浮かべられている。ラフカディオ・ハーンは、日本人の微笑は、しばしば外国人に誤解されているような意味不明の偽善・取り繕いではなく、「念入りに仕上げられ、長年育まれてきた作法」であると解釈している。それは、おたがいが「幸せに生きていくための秘訣」であった、と。「ほほえむ」とは、本来花の「つぼみが開き、ほころぶ」という、自然の「おのずから」の形容語であった。

「**きれい**」は、もともと「綾のように麗《うるわ》しいこと」を意味する漢字「綺麗」の読みがそのまま日本語になったものであるが、やがて日本の精神風土のなかで、清浄・純粋な美しさをも兼ね表すようになってきた。その清浄さは、同時に、「きれいな心」「きれいな態度」といった、大事な倫理用語にもなっている。それは、清明心、正直、誠、一生懸命、無心……といった、心情の純粋性・全力性を求める倫理観につながるものである（→「すむ」「いさぎよさ」）。

「**かたじけなさ**」には、「つつしみ」より、いっそう強い自己恐縮があるが、そうした「みずから」の恐縮・謙譲には、相手への敬意・感謝がともなっている。それは倫理感情にとどまらず、天地自然、神や仏などへの宗教感情でもある（「「かたじけなさ」に涙こぼるる」）。同様の自己謙譲を表す「**もったいなし**」は、さらにその「過分な、畏れ多い」と感じる感受性を、相手のみならず、事象一般の価値評価にまで広げて、自然や物に対するリスペクトを込めた倹約精神を表す言葉（「ＭＯＴＴＡＩＮＡＩ」）としても注目された（→「つつしみ」「ありがたし」）。

「**はずかし**」は、「みずから」のいたらなさを表すもっとも一般的な日本語であるが、自分が何らかの意味で「外《はづ》（れる）」ことを意識した言葉である。それゆえ、それはルース・ベネディクトが説いたように、単に人の目や世間体を気にするだけのものではなく、あるべき〝本来〟から外れ、背いているという自尊感情や宗教感情（「神に恥じる」）もふくんでいる。

「**いたし**（痛し）」は、まずは、自己の心身の苦痛であるが、他者の心身の苦痛を見て、話者が痛く感じれば、それも「いたし」である。死者を「**いたむ**（悼む）」とは、その死に接して、それが自分に「いたく」感じられ、嘆き悲しむということである。「いたし」は、やがて「**いたまし**」「**いたわし**」、そして「**いたわる**（労る）」へと、他者関与を広げていく（→「かなし」「あはれ」）。

「**やさし**」も、もともと、身がやせ細る思いがする・恥ずかしいの意である。それがやがて、そのようにひかえめに気づかう様子が繊細・優美だ、さらには、親切だ・情け深いという意味に転用されてきたものである。それゆえ、本来「やさしさ」には、ある種の含羞がともなう。また、類語「**なさけ**（情け）」が「ナス（為す）＋ケ」で、「為しているように見える」という意味をもっているように、「やさし」にも、どれほどかは「見せること」の演技性・作為性がふくまれている。

Ⅱ

「**なつかし**」とは、動詞「なつく」の形容詞化したものであって、猫が「なつく」ように、今目の前にある対象に心が惹かれ、離れたくないさまを表す言葉であった。それがやがて、過去や、離れているものへの思いとしても使われてきたものである。それゆえ、「なつかし」と語られるかぎり、その対象は、何ほどかは現前化している。「なつかし」とは、そう感じている人の、今そうしてあることの核としてある肯定感情でもある。

慕い焦がれる気持ちを表す「**こいし**（恋し）」は、ともにあり、一つ（一体）であるべき相手が、現にそうではないという距離があったり、不在であったりするときに感じられる思いである。その点が、対象にひたすら一途になる「**すく**（好く）」や、放心状態になるほど夢中になる「**ほれる**（惚れる）」とは異なる。古代語では、「～を恋ふ」ではなく「～に恋ふ」と使われていたように、恋うことは「みずから」の思いどおりにならない非主体的・受動的な事態と見られていた（→「さびし」）。

恋しさは、その意味で一種の「**くるしみ**（苦しみ）」である。「くるし」とは、痛みの耐えがたさに心身の安定を失うことであり、「**くるふ**（狂う）」と同根（擬態語「クルクル」から）とされる言葉である。「狂う」は、何ものかに取り憑かれることでもある。

「**いとおし**」は、「厭《いと》ふ」と同根の言葉で、自分のことでも相手のことでも、その状況を「厭《いや》だ」「耐えがたい」という気持ちを表す言葉である（「いとし」は「いとほし」の転）。そこには、相手のために何かをしてあげたいと思いと、相手にどこまでも惹きつけられ、求めゆく思いとが、二つながらに含意されている。その意味で「いとおしさ」とは「愛《かな》しみ」でもある（→「かなし」）。

望み求めるものを手に入れることが「**よろこび**」であるが、それは「みずから」の努力だけでない運や縁や巡り合わせによってもたらされるものでもある。「よろこぶ」は、もともと、慶事を神仏の恩恵と受けとめ、深く感謝し祝う言葉であった。「**たのし**」もまた、そうした神仏の恩恵を喜ぶ感情が基本であった。それは、「たのし」と訓ぜられる漢字「楽」とは、いささかニュアンスを異にする。「楽《らく》」とは苦というマイナスがゼロになったところでのものであるのに対し、「楽《たの》し」は、われわれの願望・欲望が、いわばプラスとして発動し、それが満たされるところのものである。

「仕合はす」から生まれた「**しあわせ**」は、もと「みずから」の努力によって、うまく合うようにするという意味であったものが、やがて巡り合わせ、運などという「おのずから」の働きを含意するようになった。そこには、「しあわせ」とは、われわれの努力を前提にしつつも、それだけではない、それを超えた働きに大きく左右されるものだという受けとめ方が見られる。それは、「おのずから」と「みずから」の「あわい」に招来される事態なのである。

そうした「よろこび」や「しあわせ」を、あらたまった言葉や動作で表すことが「**いわう**（祝う）」である。それゆえそれらは、ふつう神事として営まれてきた。定型の祝い事（冠・婚・祭）や年賀のお祝いには、そうした時を迎えることができたこと自体の祝いとともに、かならずやこれからの「しあわせ」への祈りが込められている（→「いのる」）。

「**おもしろし**」とは、本来、眼前の光景が開け輝くことの形容であったものが、やがてそれらを見た者の表情（面《おもて》）が晴れ晴れと輝く様子を形容する言葉になったものである。『古語拾遺』では、天の岩戸の前で神々が演じた神楽によって天照大神が登場し、それを見ていた神々の面が光り輝いたことを「面-白し」の語源としている。世阿弥は、この神話的語源説をふまえて、そのときの神楽が能（申楽）のはじまりであると説き、「面白し」を能のもっとも重要なキーワードとしている。「おもしろし」とは、世界・宇宙を根源的に光り輝かせる力に対する肯定語である。

「よろこび」「しあわせ」「おもしろし」といった肯定相に見られた「おのずから」と「みずから」の「あわい」のあり方は、「かなし」「さびし」「はかなし」といった否定相においても同じように見られる。

河合隼雄は、日本人の根本には「原悲」ともいうべき考え方があると指摘している。生きる根本に悲しみがあり、そこから日本の宗教や思想文化が出発している、と。「**かなし**」とは、当面、物事をなそうとしてしかねている無力・卑小の嘆きであるが、そこには、それゆえいっそう他を「愛《かな》し」と思い、いたわろうとする思いも生まれるし、また、「うらうらと……ひばりあがり心かなしも」（大友家持）といった宇宙・自然の中の人間存在についての、しみじみとした思いも引き起こされる。「かなしい」ときにはただひたすら「かなしめ」ばいいと説く本居宣長は、「かなしみ」は、神々の（「おのずから」の）働きに従う感情だと捉えている（→「いとおし」「せつなし」）。

「**さびし**」とは、荒涼・枯渇の思いとして、心がいわば錆《さ》びた状態である。当面は否定語であるが、しかし、それを介することによってしか発現してこない肯定の価値や意味、美しさが感取できる感情でもある。「寂しさの極みに堪へて天地に寄する命をつくづくと思ふ」（伊《い》藤《とう》左《さ》千《ち》夫《お》）といったところに、日本文化の「さびし」の伝統が指摘されている（斎藤茂吉）。わび・さびも、こうした、最後には宇宙天地につながっているありようを感じようとする美学である（↓「つつしみ」）。

「こいしさ」や「さびしさ」の先に来る、ぎゅっとしめつけられてどうしようもない「やりきれなさ」が「**せつなし**（切なし）」である。漢字「切」から出来た「切《せち》、切なり（差し迫っている）」がもとであるが、「切なし」は「切甚《せちいた》しの約転」で、「切」であることがさらに甚《はなは》だしい状態である。が、「せつなし」もまた、「さびしさ」などと同様に、そう感じているかぎり、「みずから」にかけがえのないもの、あるいは、「みずから」をつなぎとめる何ものかを求め続けている感情である。「大切」「親切」は、同趣旨の和製語である。

「**はかなし**」とは、「（はかどる・はかるの）はか」が「ない」というところからできてきた言葉である。この否定語もそれを自覚することによってこそ、今ここにある「みずから」の存在やその営みが容易に「はかる」ことのできないかけがえのないものであるということ、また、「みずから」を包み込んでいる「はかる」ことのできない何ものか（「おのずから」、神や仏）の働きの感受を可能にする感情である。

「**ありがたし**（有り難し）」は、存在がまれである・めったにないの意味から、尊く喜ばしいという思いを、さらには、その希有なことをあらしめた何ごとか、あるいは何ものかに対する感謝の思いとなってきた言葉である（↓「かげ」）。「思ひかけぬは死期なり。今日までのがれ来にけるは、ありがたき不思議なり」（『徒然草』）という、その「ありがたし」の背景には、物事はすべて移り行くというきびしい無常観がある。

「**うつる**」は、ものごとが「移る」「遷る」「伝染《うつ》る」であり、光や影が「映る」「写る」である。眼前世界の顕現を意味する「うつつ（現）」「うつし（顕）」の「うつ」は、この「うつ」でもある。目の前の「現《うつ》し世」とは、移ろい・映ろう世界でしかないという、こうした現実感覚は、かならずしもネガティブなものではない。「あだし野の露消ゆる時なく、鳥部山の煙立ち去らでのみ住みはつる習ひならば、いかにもののあはれもなからむ。世は定めなきこそいみじけれ」（『徒然草』）。「うつる」、この世のあり方こそ興趣があるのだ、と。

感動詞「ああ・はれ」が約《つづ》まってできた「**あはれ**」は、ものごとにふれて「ああ」と感ずる意の言葉である。「ああ」と感ずる人のその「あはれ」は、その表現を通して他者に伝わり、そこでの共感・同情は本人の「ああ」という気持ちをどれほどかは救う。さらにまた、その「あはれ」という思いは、われわれには不可知であるがたしかに働いている大いなる働きにも共鳴し、そこへと摂受されてゆく。本居宣長はその働きを、神々とも、「おのずから」とも言い、親鸞は阿弥陀仏とも言っている。

「**どうせ**」という溜息は、どのようにしたところである結果が先取りされてしまうところに吐かれる。「どうせ」と諦める、その諦め方にはある種の「甘え」がふくまれていることもある。が、「どうせ」という見切りは、「**いっそ**」という爆発的な行動を可能にすることもあるし、「**せめて**」という限定された価値に収斂することもある。中世の歌謡集『閑吟集』には、「どうせ」を受けて、甘い自己憐憫に沈むか、「いっそ」と弾けるか、あるいは「せめて」と守るか、その微妙な「あわい」におけるさまざまな思いが描かれている。

「色は匂へど散りぬるを……浅き夢みじ酔《ゑ》ひもせず」にも、「どうせ」の思いが深くしみ込んでいる。「**ゆめ**」とは寝目《いめ》の転で、睡眠中にもつ幻覚が基本である。「浅き夢」には、この現実世界も覚めてしまえばみな消えてしまう夢ではないかという思いが込められている。そうした思いの中で、人々は、①夢ならぬ外の世界へと目覚めていこうとするか、②夢ならばさらにその内への、いわば〝夢中〟にのめり込んでいこうとするか、③夢か現か、その「ありてなき」がごとき生をそれとして生きようとするか、あるいは、そのいくつかの複合を生きるか、を選び取っていくのである（ちなみに、〈まだ現実ではないが、実現したい希望〉という意味の用法は、西洋語 dream の翻訳用法で、日本人がこの意味で夢という言葉を使うのは明治中期以降である）。

Ⅲ

「**いさぎよし**」は、清明心・正直・誠といった、心情の純粋性を重んじる伝統的な道徳観に連なる感情である。「いさ」は、さあ・いざと、みずからの行動を起こす弾みをつけるときに発する語であり、「イサ-キヨシ」には、積極果敢で清廉という男性的感覚が根本の意味合いにある。ゆえに、平安女流文学ではこの言葉は使われないという。名と恥を重んじる武士道の基調である（→「すむ」「きれい」「はずかし」）。

　やまと言葉の「**ただし**（正し）」とは、もともと、ものごとがまっすぐで（直《ただ》＝直線的・直接的）、それだけで（唯《ただ》）、ひたすら（只《ただ》）であるありようを指す言葉であった。日本人においての「ただしさ」

は、客観的な理法やきまりに則るか則らないか以前に、まずは自分がいかに嘘偽りなく全力をかけて人や事に関わっているかどうか、その姿勢や態度そのものが問われてきたところがある。「正しい原因に生きる事、それのみが浄《きよ》い」（高村光太郎）、とか、「結果はともあれ、一生懸命にやりなさい」とか（→「すむ」）。

どうしてもそうせざるをえなかったという、「ただしさ」による「**いかり**（怒り）」は、みずからの利害を超えて湧き上がってくるものである。「いかり」の感情は、（比較的新しい同義語「**おこる**（怒る）」がそうであるように）基本的に、高いエネルギーを発して、起こってくるものである。「腹が立つ」「むかつく」「頭にくる」といった表現には、それが精神の次元のみではなく、腹・胸・頭という身体の部位に直接現れてくるものであるという、この感情のあり方がよく表れている。

九鬼周造も指摘するように、「いかり」が抑鬱的・持続的になったのが「**うらみ**（恨み）」である。何らかの不満や不快が、その時、その場だけでは済まずに、その後もめらめらと心の奥・裏でくすぶり続けてしまうという感情である。「いかり」同様、それはしばしば自制のきかないものでもある。自己破滅が予想されても「うらみ」を晴らそうとすることもあるが、そこには、「**すねる**」「**ひがむ**」といった歪《ゆが》んだかたちの「**あまえ**（甘え）」が潜んでいるとも指摘されている（土居健郎）。

「**がまん**（我慢）」はやまと言葉ではない。もともと仏教語であったものが、やがて日本語として意味を転じ、日常語として定着してきたものである。仏教の言う「我慢」とは、我《われ》慢ずることで、自慢と同じ意味であった。「耐え忍ぶ」こととしての「がまん」も、それができるのは、みずからのうちに、どれほどかは「我慢（自慢）できる」ような何かがあるからである。「やせがまん」は、そうしたものが痩せている、不足しているのに、なお無理をして「がまん」することである。「いかり」「うらみ」、「がまん」できずに、人は「**おに**（鬼）」になることがある。世阿弥は、そうした「形は鬼なれ共、心は人なる」存在と、もとからの鬼とを分けて考えた。いずれも、この世ならざる力をもって人間世界に危害を加えるものとして、古くから恐れられ、語り継がれてきた。が、鬼退治は、そのあかつきには、さまざまな宝物が手に入れられるものとして描かれるし、秋田地方の「なまはげ」のように、触れられることによって厄を祓《はら》ってくれる鬼もある。鬼は、こうした禍・福の幅をもった存在でもあった。

武士道の根本にあるものは、いかなる場においても相手に負けまいとする、勝負での「**つよさ**（強さ）」の標榜である。「武士は万事に心をつけ、少《すこし》にても後《おく》れに成《なる》べき事を嫌ふべき也」（『葉隠』）。が、本居宣長は、そうした武士道を、ただ上辺だけを雄々しく賢《さか》しげに見せようとするものであると批判し、「人の心のまこと」は「めめしく、はかない」ものであると説く。いわゆる「手弱女《たおやめ》ぶり」であるが、それは「つよさ」に対する「よわさ（弱さ）」の主張である。宣長はむしろそうしたところにこそ、繊細でゆたかな情感を持った日本文化を見いだそうとした。

「たおやめぶり」のもととなった「**たおやか**」の「たお」は、「撓《たわ》む」から来ている。萩や柳の柔らかい枝のように、しなやかにたわみ、優美であるさまの形容として、古くから歌語としても好んで用いられてきた。また、「たおやか」には、剛健・屈強な男性的な強さではないが、待つこと、耐えることができ、対応力のある、柔軟でしなやかな強さがふくまれている。他者の目に「痩せ細る思いがする」というところからできてきた「やさしさ」もまた、「たおやめぶり」の倫理感情である

（→「つつしみ」「たしなみ」「やさし」）。

Ⅳ

「**いのち**」とは、「イは息、チは勢力。したがって、「息の勢い」」が原義である。生きる根源の力を、眼に見えない外から吹き込まれる息の勢いの働きと見たということである。今ここにある自分の「いのち」は、無数の他の「いのち」を引き継ぎ、取り込むことによって保たれている。「自分」という和製漢字には、そうした大いなる「おのずから」が「みずから」へ分有（自-分）されたものという含意がある。「今、いのちがあなたを生きている」（東本願寺親鸞七五〇年回忌統一テーマ）。

「**たましい**」も同様である。まずはそれは、その人をその人たらしめるもっとも大事な何ものかであると同時に、当人をすら超え出て働く、あるいは、超え出たところから働いてくる何ものかである。「魂という言葉は天地万物を流れる力の一つの形容詞に過ぎないのではありますまいか」（川端康成）。それは個別それぞれのかけがえのない「一つ」でありながら、しかし、けっして「一つ」の実体（名詞）ではない、大いなる働きの「一つの形容」にすぎないということである。

「**いのる**」という営みの基本は、神聖で畏れ多い何ものか（斎《イミ》・忌《イミ》のイ）を言葉として口にする（告《ノ》ル）ことによって、そのものの力を付与してもらおうとすることであった。神の名から始まる祝詞や、真言や仏名、お経を唱える加持祈禱や念仏、唱題などは、まさに「イ-ノル」営みである。その意味で「〜を祈る」であったものが、やがて「〜に祈る」になってきたものである。「〜に」の対象は、たとえば、「何事のおはしますかは知らねどもかたじけなさに涙こぼるる」（伝西行）といった歌のように、この世界に働いている不思議で不特定な働きであることも多い（→「かたじけなさ」）。

「おかげさま」という感謝の言葉は、かならずしも目の前の特定の相手にかぎらず、見えない対象であっても、何かしらその恩恵や庇護を受けたかもしれないものに対しても発せられる。そもそも、「**かげ**」とは、陰（影）と光をともに指してきた言葉である（物かげ・月かげ）。陰と光をくっきりと二分してしまわない、こうした非分離の交錯・重層には、曖昧といえば曖昧であるが、日本人のものの見え方・考え方のある種の特質をうかがうことができる。「**おもかげ**」とは、現実を超えて、想像や思い出の中にありありと現れる姿をいう。

「花鳥風月」は日本人の美意識を表す景物であるが、花・鳥・月に対して、「**かぜ**（風）」は直接には見えない、感じるものとしての美しさである。まさに、風雅・風情・風味である。やまと言葉「かぜ」は「生命のもと」とも考えられ、神が吹かすものとも考えられていた。芭蕉たちが、「片雲の風に誘はれて、漂泊の思ひやまず」などと、風の立ち騒ぎに居ても立ってもいられなくなるのは、風がそうした「生きる根源の力」に関わる何ものかであったからでもあろう。宮崎駿『風の谷のナウシカ』の主題もまた、そうした風の意味を問い直そうとするものでもあった。

「**なぐさむ**」とは、凪《なぎ》や和《なご》やかのナギ・ナゴと同じところからできてきた言葉で、気持ちや心の波立ちを静め、おだやかにする意味である。が、たとえば、慰霊とは、単純に、死者の残された思いを抑え、収め、静めるということではない。むしろ、その残された思いを聴きとどけ、受けとめ、浮かび上がらせることである。簡単に慰め鎮めえたと思うとき、人は相手を「なぐさみもの」にしている。

死者を悼むとは、その死が自分に「いたく（痛く）」感じられ、それを嘆き悲しむということであった。みずからの痛みにおいて、死者を「**とむらう**」のである。「とむらう」とは「訪う」ことであり、「問う」ことである。死者を訪れて、その思いを尋ね問うことである。

日本人の謝り方の代表的な表現である「**すまない**」は、このままでは済まない、終わらせない、片をつけるというふくみで発せられている。「**すむ**」とは、濁りや浮遊物が沈着して透明になるという「澄む・清む」が原義であり、同じように、いろいろな問題が片づき収まることが「済む」ことなのである（→「きれい」）。その延長で、あちこち動きまわるものが、一つ所に落ち着き、定着する意が「住む」である。

日常的な生活から心身を解放し、別天地に身をゆだねることが「**あそぶ**（遊ぶ）」である。子どもたちが無心に動きまわることや、他郷に行き楽しみ学ぶことでもあるが、もともとは、神楽などの神事に端を発し、それに伴う音楽・舞踊や遊楽などを指していた。世阿弥が、能の起源を天の岩戸の前での神楽にあるとした（→「おもしろし」）ように、「あそぶ」とは、何ほどかは神に通ずる営みである（→「わざ」）。

天の岩戸での神楽は、天照大神の出現を「**まつ**（待つ）」営みでもあった。どれだけその出現を期待し努力しようとも、「みずから」の手で引き出すことはできない。最終的には「おのずから」のこととして向こうから来るのを待つ以外にない。が、たとえば、清沢満之が阿弥陀信仰についていうように、月見において月（阿弥陀）の出る、出ないはいかんともしがたいが、頭を上げて山の端を見続けないかぎり、たとえ月が出ようともそれと出会うことはできない。白川静『字訓』では、「待つ」とは、「神聖なるものの出現を期待し、それに奉仕することを意味する語」と説明されている。「出会い」の偶然性を説き続けた九鬼周造は、『偶然性の問題』の最後に、「遇《あ》うて空しく過ぐる勿《なか》れ」という言葉を引いている。「**あう**」には、二つのものがぴったりと出会うこと（「会う」「遇う」「遭う」）と、それがしっくりと一つになること（合う）と、二つの意味がある。「出会いは実力だ」（西江雅之）とは、何ものかに出「会い」、そして「合う」ということは、当人「みずから」の知識や感性のありようぬきには語れないということである。出会いとは、「おのずから」と「みずから」の「あわい」の出来事である。

ちなみに、時に結婚も意味する「**ちぎり**」という言葉は、みずからの意志でする「約束、言いかわすこと」であると同時に、自分にはどうにもならない「前世からの因縁、宿業」という意味もあわせもっている（前世からのさまざまな因縁によって、今、二人はこうなっているのだ、と）。

「会うは別れの始め」ということは、われわれにはどうにもならないこの世の真実である。「会者定離」「愛別離苦」である。「**わかれ**（別れ）」とは「分かれ」であって、あるものごと・状態が、区切り目をもって別のものになる意である。「死」は「無」ではなく「わかれ」だという受けとめ方は、別れを告げる世界が厳としてあるということを、あらためて確認するということであり、また、そこに生きてきた自分自身を、あらためて確認することでもある。「うしろ髪をひかれるからこそ、最後まで気が違わないで死んでゆくことができるのではないか、死とはそういう別れかただ」（岸本英夫）。

「**さらば**」「**さよなら**」とは、「然《さ》あらば」「左様《さよう》ならば」という接続詞に由来する別れ言葉であって、その時までの過去、そして現在を「さようであるならば」と未来に向けて確認することによって別れようとするあいさつ言葉である。それは、「みずから」がやってきたことの確認だけではなく、自分を超えた、自分にもどうにもならない「おのずから」のことの確認でもある。アン・リンドバーグは、「サヨナラ」を「そうならねばならないならば」と解釈し、これほど美しい別れの言葉はないと言っている。

それはひとつの「**あきらめ**」でもある。「あきらめ」とは「明らめ」であり、どうにもならないことをどうにもならないこととして明らかにし、それを受けとめることである。その受けとめは、それをそうあらしめている大いなる働きの感受でもありうる。あらゆるものが移り変わるという無常は、同時に、それをも包み込んで働く「自然」の「おのずから」の受けとめでもあった。九鬼周造は、日本の思想文化の大事な要素として「自然」「意気」「諦念」の三つを挙げている。「自然」という「おのずから」と、「意気」という「みずから」、そして「諦念」という「あきらめ」とが、われわれの発想の基本としてあるというのである。

引用・参考文献一覧（書名等の副題は省略）

＊以下の辞典からの引例のものは、あらためて挙げていない。
『新字源』（角川書店、一九六八年）
『岩波古語辞典』（岩波書店、一九七四年）
『旺文社古語辞典』（改訂新版、旺文社、一九八八年）
『新編大言海』（冨山房、一九八二年）
『大辞林』（三省堂、一九八八年）
『大辞泉』（小学館、一九九八年）
『漢字源』（改訂第四版、Gakken、二〇〇七年）
『広辞苑』（第六版　岩波書店、二〇〇八年）
『明鏡国語辞典』（第二版、大修館書店、二〇一〇年）
『日本国語大辞典』（精選版、小学館、二〇〇六年）
『常用字解』（第二版、白川静、平凡社、二〇一二年）
『新訂字訓』（白川静、平凡社、二〇〇七年）
『大言海』（冨山房、一九七四年）
『新明解国語辞典』（第七版、三省堂、二〇一一年）
『角川古典基礎語辞典』（角川学芸出版、二〇一一年）
『万葉語誌』（筑摩選書、二〇一四年）
『日葡辞書』（岩波書店、一九八〇年）

なお、引用にあたり表記を適宜変更した。

はじめに

竹内整一『やまと言葉で哲学する』（春秋社、二〇一二年）
同『やまと言葉で〈日本〉を思想する』（春秋社、二〇一五年）
同『「おのずから」と「みずから」』（ちくま学芸文庫、二〇二三年）
和辻哲郎「日本語と哲学の問題」（『和辻哲郎全集』第四巻、岩波書店、一九六二年）
熊倉千之『日本語の深層』（筑摩選書、二〇一一年）

Ⅰ

「もてなし」について

「鉢木」（『謡曲全集』第四巻、中央公論社、一九八五年）
太宰治『津軽』（新潮文庫、二〇〇四年）
同『饗応夫人』（『太宰治全集』第九巻、筑摩書房、一九九〇年）
同「河盛好蔵宛書簡」（『太宰治全集』第十一巻、一九九一年）
長谷川櫂「もてなしの極意」（ＮＨＫ「視点・論点」二〇一六年九月二九日）
利休『茶話指月集』（谷端昭夫『茶話指月集・江岑夏書』淡交社、二〇一一年）

筒井紘一『利休聞き書き「南方録 覚書」全訳注』（講談社学術文庫、二〇一六年）
竹内整一『「やさしさ」と日本人』（ちくま学芸文庫、二〇一六年）

「わざ」について
兼好『徒然草』（島内裕子校訂・訳、ちくま学芸文庫、二〇一〇年）
九鬼周造「日本的性格」（『九鬼周造全集』第三巻、岩波書店、一九八一年）
太宰治『人間失格』（新潮文庫、二〇〇六年）

「たしなみ」について
兼好『徒然草』（前掲）
向田邦子「お辞儀」（『父の詫び状』文春文庫、二〇〇五年）
高松信英『現代語訳 蓮如上人御一代記聞書』（法藏館、二〇二〇年）

「つつしみ」について
萩原朔太郎「猫町」（『猫町 他十七篇』岩波文庫、一九九五年）
向田邦子「独りを慎む」（『男どき女どき』新潮文庫、一九八五年）
瀬戸内寂聴「今日を生きるための言葉」第一五六六回（https://news.1242.com/article/256056）
林羅山『羅山林先生文集』（『藤原惺窩・林羅山』日本思想大系、岩波書店、一九七五年）
貝原益軒『養生訓』（伊藤友信訳、講談社学術文庫、一九八二年）
村上和雄『生命の暗号』（サンマーク文庫、二〇〇四年）
鴨長明『無名抄』（久保田淳訳注、角川ソフィア文庫、二〇一四年）

付「自粛」について
山本七平『「空気」の研究』（文春文庫、二〇一八年）
丸山眞男『現代政治の思想と行動』（未來社、二〇〇六年）
九鬼周造「日本的性格」（前掲）

「ほほえみ」について
芥川龍之介「手巾」（『舞踏会』旺文社文庫、一九六七年）
新渡戸稲造『武士道』（岬龍一郎訳、PHP文庫、二〇〇三年）
ラフカディオ＝ハーン「日本人の微笑」「東洋の第一日目」（『日本の面影』池田雅之訳、角川ソフィア文庫、二〇〇〇年）

「きれいさ」について
土井善晴×養老孟司「料理をする人、食べる人」(『波』二〇一八年一一月号、新潮社)
『万葉集』(日本古典文学大系、岩波書店、一九六二年)

「かたじけなさ」について
我妻多賀子「「カタジケナシ」考(その一)」(『学習院大学上代文学研究』一一号、一九八六年)
『西行全歌集』(久保田淳他校注、岩波文庫、二〇一三年)
白洲正子『西行』(新潮文庫、一九九六年)

「いたわり」について
清少納言『枕草子』(日本古典文学全集、小学館、一九八二年)
鴨長明『方丈記』(梁瀬一雄訳注、角川ソフィア文庫、二〇一〇年)
『日本霊異記』(日本古典文学大系、一九六七年)
『古今著聞集』(日本古典文学大系、一九六六年)
『新・佛教辞典』(誠信書房、二〇〇六年)
九鬼周造「情緒の系図」(『「いき」の構造 他二編』岩波文庫、一九七九年)
竹内整一『「かなしみ」の哲学』(NHKブックス、二〇〇九年)

「やさしさ」について
太宰治「河盛好蔵宛書簡」(前掲)
『平家物語』(新編日本古典文学全集、小学館、一九九四年)
阪倉篤義『日本語の語源』(講談社現代新書、一九七八年)
小室等・谷川賢作『No Good without You』(おーらいレコード、二〇〇五年)
竹内整一『「やさしさ」と日本人』(前掲)

II

「なつかしさ」について
石川啄木「一握の砂・悲しき玩具」(新潮文庫、一九五二年)
『万葉集』(前掲)
「松風」「井筒」「野宮」(『謡曲集1』新編日本古典文学全集、一九九七年)
九鬼周造「文学の形而上学」(『九鬼周造全集』第四巻、一九八一年)
同「音と匂」(菅野昭正編『九鬼周造随想集』岩波文庫、一九九一年)
楠見孝編『なつかしさの心理学』(誠信書房、二〇一四年)
長田弘『なつかしい時間』(岩波新書、二〇一三年)

「こいしさ」について
『万葉集』（前掲）
九鬼周造「情緒の系図」（前掲）
白川静『字統』（平凡社、一九八八年）
山本常朝『葉隠』（『三河物語・葉隠』日本思想大系、一九七四年）
谷崎潤一郎『春琴抄』（新潮文庫、一九五一年）

「よろこび」と「たのしみ」について
『万葉集』（前掲）
荻生徂徠『弁道』（『荻生徂徠』日本思想大系、一九七三年）
『論語』（金谷治訳注、岩波文庫、一九九九年）
田上太秀『「涅槃経」を読む』（講談社学術文庫、二〇〇四）
親鸞『浄土和讃』（『浄土真宗聖典』本願寺出版社、一九八八年）

「しあわせ」について
竹内整一『「おのずから」と「みずから」』（前掲）
西江雅之「本気と覚悟を持って」（『朝日新聞』二〇〇八年九月二日）
清沢満之「信の成立」（『清沢満之全集』第六巻、岩波書店、二〇〇二年）

「かなしみ」について
河合隼雄・小川洋子『生きるとは、自分の物語をつくること』（新潮文庫、二〇一一年）
大野晋『日本語の年輪』（新潮文庫、一九六六年）
『万葉集』（前掲）
『日本霊異記』（前掲）
サトウハチロー「悲しくてやりきれない」
本居宣長「答問録」（『本居宣長全集』第一巻、筑摩書房、一九六八年）
金子大栄『私の人生観』（『金子大栄随想集』第六巻、雄渾社、一九七二年）
柳田邦男「「悲しみ」の復権」（『言葉の力、生きる力』新潮文庫、二〇〇五年）
竹内整一『「かなしみ」の哲学』（前掲）

「あわれ」について
本居宣長『石上私淑言』（子安宣邦校注『排蘆小船・石上私淑言』岩波文庫、二〇〇三年）
「隅田川」「黒塚」（『謡曲集2』新編日本古典文学全集、一九九八年）
「松風」（『謡曲集1』新編日本古典文学全集、前掲）
志賀直哉「ナイルの水の一滴」（『志賀直哉全集』第十巻、岩波書店、一九九九年）

「どうせ」について

『古今和歌集』(日本古典文学大系、一九五八年)
野口雨情「船頭小唄」
森本哲郎『日本語 表と裏』(新潮社、一九八五年)
川端康成『雪国』(新潮文庫、一九四七年)
見田宗介『近代日本の心情の歴史』(講談社学術文庫、一九七八年)
小城武彦「この国から、魔の三文字「どうせ」を追放するために」(http://socialbusiness.etic.jp/archives/146)
名越康文『どうせ死ぬのになぜ生きるのか』(PHP新書、二〇一四年)
福沢諭吉『福翁百話』(『福澤諭吉集』明治文学全集、筑摩書房、一九六六年)
『閑吟集』(『閑吟集・宗安小歌集』新潮日本古典集成、一九八二年)
『梁塵秘抄』(『神楽歌・催馬楽・梁塵秘抄・閑吟集』新編日本古典文学全集、二〇〇〇年)
北野武「ビートたけしの名言 ウェブ石碑」(https://sekihi.net/writers/2186)

「ゆめ」について

『万葉集』(前掲)
上田紀行「夢の民俗」(『日本大百科全書』小学館、一九九四年)
三木清『人生論ノート』(『三木清全集』第一巻、岩波書店、一九六六年)
『和泉式部日記』(新編日本古典文学全集、一九九四年)
西行『山家集』(新潮日本古典集成、一九八二年)
山本常朝『葉隠』(前掲)
『古今和歌集』(前掲)
竹内整一『ありてなければ』(角川ソフィア文庫、二〇一五年)

Ⅲ

「いさぎよさ」について

『日本書紀』(新編日本古典文学全集、一九九四年)
『梁塵秘抄』(前掲)
「養老」(『謡曲集1』新編日本古典文学全集、前掲)
鴨長明『発心集』(浅見和彦他訳注、角川ソフィア文庫、二〇一四年)
兼好『徒然草』(前掲)
近松門左衛門『曾根崎心中』(『近松門左衛門集』新潮日本古典集成、一九八六年)
山本常朝『葉隠』(前掲)
三島由紀夫「『豊饒の海』について」(『三島由紀夫全集』第三十五巻、新潮社、二〇〇三年)
相良亨『武士道』(『相良亨著作集』第三巻、ぺりかん社、一九九四年)

三島由紀夫『豊饒の海』(『豊饒の海 第四巻 天人五衰』新潮文庫、一九七七年)

「ただしさ」について

高村光太郎「火星が出ている」(『高村光太郎全集』第二巻、筑摩書房、一九五七年)
同「人類の泉」(『高村光太郎全集』第一巻、一九五七年)
吉田松蔭「将及私言」(『吉田松陰集』日本の思想、筑摩書房、一九六九年)
相良亨『誠実と日本人 増補版』(ぺりかん社、一九九八年)

「いかり」について

『平家物語』(前掲)
聖徳太子「十七条憲法」(『日本書紀』、前掲)
ジャン=ポール・サルトル『聖ジュネ』(白井浩司他訳、新潮文庫、一九七一年)
吉田松蔭「吉田松陰書簡」(『吉田松陰全集』第五巻、岩波書店、一九三五年)
三木清『人生論ノート』(新潮文庫、一九七八年)

「うらみ」について

「日蔵上人吉野山にて鬼に逢ふ事」(『宇治拾遺物語』新潮日本古典集成、一九八五年)
「葵上」(『謡曲集2』新編日本古典文学全集、前掲)
土居健郎『「甘え」さまざま』(弘文堂、一九八九年)
同『「甘え」の構造』(弘文堂、一九八四年)
「金輪」(『謡曲全集』第四巻、前掲)
友松圓諦『法句経』(講談社学術文庫、一九九一年)

「がまん」について

阿久悠「勝手にしやがれ」
同『「企み」の仕事術』(ロング新書、二〇一二年)
福沢諭吉「瘠我慢の説」(『福澤諭吉集』明治文学全集、前掲)
勝海舟「答書」(同前)

「おに」について

吾峠呼世晴『鬼滅の刃』(ジャンプ・コミックス、全二三巻、集英社、二〇二〇年)
劇場版「鬼滅の刃 無限列車編」(東宝・アニプレックス、二〇二〇年)
LiSA「紅蓮華」
馬場あき子『鬼の研究』(ちくま文庫、一九八八年)
世阿弥『二曲三体人形図』(『世阿弥・禅竹』日本思想大系、一九七四年)
「黒塚(安達原)」(『謡曲集2』新編日本古典文学全集、前掲)

「節分」（『狂言集 下』日本古典文学大系、一九六一年）

「よわさ」と「つよさ」について

劇場版「鬼滅の刃 無限列車編」（前掲）
山本常朝『葉隠』（前掲）
林羅山『三徳抄』（『藤原惺窩・林羅山』日本思想大系、前掲）
『保元物語』（日下力訳注、角川ソフィア文庫、二〇一五年）
『平家物語』（前掲）
本居宣長『源氏物語玉の小櫛』（『本居宣長全集』第四巻、一九六九年）

「たおやかさ」について

鴨長明『無名抄』（前掲）
司馬遼太郎、ドナルド・キーン『日本人と日本文化』（中公文庫、一九九六年）
河合隼雄『昔話と日本人の心』（岩波現代文庫、二〇〇二年）

Ⅳ

「いのり」について

『万葉集』（前掲）
『西行全歌集』（前掲）
国木田独歩『病牀録』（『国木田独歩全集』第九巻、学習研究社、一九七八年）
正宗白鳥「欲望は死より強し」（『正宗白鳥集』現代日本文学大系、筑摩書房、一九六九年）
舟橋聖一「イエスマンと白鳥」（『風景』一九六三年一月）
正宗白鳥「文学に於ける「解決」是非」（『正宗白鳥全集』第七巻、新潮社、一九六七年）
同「秋風記」（『正宗白鳥集』現代日本文学大系、前掲）
同「文学生活の六十年」（『正宗白鳥全集』第十三巻、一九六八年）

「おかげ」と「かげ」について

世阿弥『金島書』（『世阿弥・禅竹』日本思想大系、前掲）
文化庁「国語に関する世論調査 平成22年」（https://www.bunka.go.jp/tokei_hakusho_shuppan/tokeichosa/kokugo_yoronchosa/pdf/h22_chosa_kekka.pdf）
土井晩翠「荒城の月」
『万葉集』（前掲）
『古今和歌集』（前掲）
『徒然草』（前掲）
『閑吟集』（前掲）

「かぜ」について

『古今和歌集』（前掲）

松尾芭蕉『おくの細道』（『松尾芭蕉集』新編日本古典文学全集、一九九五年）

宮沢賢治『風の又三郎』（新潮文庫、一九八九年）

同『注文の多い料理店』（新潮文庫、一九九〇年）

同「風が吹き風が吹き」（『宮沢賢治全集1』ちくま文庫、一九八六年）

同「オホーツク挽歌」（同前）

高村光太郎『智恵子抄』（『高村光太郎全集』第一巻、前掲）

新井満・訳詞「千の風になって」

宮崎駿『風の谷のナウシカ』（アニメージュコミックス、徳間書店、一九八二年）

「なぐさめ」について

『古今和歌集』（前掲）

「姨捨」（『謡曲集1』新編日本古典文学全集、前掲）

増田正造『能の表現』（中公新書、一九七一年）

金子大栄『歎異抄領解』（全人社、一九四九年）

亀井勝一郎『愛の無常について』（講談社文庫、一九七一年）

「まつ（待つ）」について

鷲田清一『「待つ」ということ』（角川選書、二〇〇六年）

「班女」（『謡曲集2』新編日本古典文学全集、前掲）

世阿弥『五音曲条々』（『世阿弥・禅竹』日本思想大系、前掲）

三島由紀夫「班女」（『近代能楽集』新潮文庫、一九六八年）

同「班女について」（『三島由紀夫全集』第二十九巻、前掲）

「松風」（『謡曲集1』新編日本古典文学全集、前掲）

高村光太郎「火星が出ている」（前掲）

「わかれ」について

『平家物語』（前掲）

『伊勢物語』（新潮日本古典集成、一九七六年）

白居易『白氏文集』（新釈漢文大系、明治書院、二〇〇六年）

「墨塗」（『狂言集』新編日本古典文学全集、二〇〇一年）

藤原定家「洞院百首」（『藤原定家全歌集』河出書房新社、一九八五年）

西田幾多郎『思索と体験』（岩波文庫、一九八〇年）

岸本英夫『死を見つめる心』（講談社文庫、一九七三年）

岸本雄二「父の死生観」（同前）

「さようなら」について
フランス・ドルヌ、小林康夫『日本語の森を歩いて』（講談社現代新書、二〇〇五年）
柳田邦男『「死の医学」への日記』（新潮文庫、一九九九年）
『平家物語』（前掲）
アン・リンドバーグ『翼よ、北に』（中村妙子訳、みすず書房、二〇〇二年）
須賀敦子『遠い朝の本たち』（ちくま文庫、二〇〇一年）
『宇津保物語』（日本古典文学大系、一九六二年）
西行『山家集』（前掲）
竹内整一『日本人はなぜ「さようなら」と別れるのか』（ちくま新書、二〇〇九年）

おわりに
九鬼周造「情緒の系図」（前掲）
『古語拾遺』（斎部広成撰・西宮一民校注、岩波文庫、一九八五年）
伊藤左千夫「信州数日」（『伊藤左千夫全集』第一巻、岩波書店、一九七六年）
斎藤茂吉「「さびし」の伝統」（『斎藤茂吉全集』第十四巻、岩波書店、一九五二年）
竹内整一『ありてなければ』（前掲）
九鬼周造『偶然性の問題』（『九鬼周造全集』第二巻、岩波書店、二〇一一年）
竹内整一『日本人はなぜ「さようなら」と別れるのか』（前掲）
九鬼周造「日本的性格」（前掲）

本書は、月刊『武道』（公益財団法人日本武道館編集・発行）第六二一～六六三号（二〇一八年八月～二〇二二年三月）に計四三回にわたって連載された「日本人の心根を考える」を元としている。書籍化にあたっては、本連載で取り上げた各回タイトル原稿の削除や追加などの整理を行い、大幅に加筆修正を施した。

著者略歴

竹内　整一（たけうち　せいいち）

1946年，長野県生まれ。東京大学大学院人文科学研究科倫理学専攻博士課程中退。専修大学教授，東京大学教授等を歴任。東京大学名誉教授。2023年逝去。

専攻—倫理学・日本思想史

主著—『自己超越の思想』（ぺりかん社），『日本思想の言葉』（角川選書），『魂と無常』（春秋社），『「おのずから」と「みずから」』（ちくま学芸文庫）

装訂——鈴木 衛

やまと言葉《ことば》の人間学《にんげんがく》

2024年３月30日　初版第１刷発行
2024年８月30日　初版第２刷発行

著　者　竹内 整一

発行者　廣嶋 武人

発行所　株式会社 ぺりかん社
〒113-0033 東京都文京区本郷1-28-36
TEL 03(3814)8515
http://www.perikansha.co.jp/

印刷・製本　創栄図書印刷

Printed in Japan

ISBN 978-4-8315-1662-6

最澄再考　＊日本仏教の光源　上原雅文著　三八〇〇円

近世日本思想の基本型　豊澤一著　三八〇〇円

近世の死生観　高橋文博著　四〇〇〇円

国学の他者像　清水正之著　三六〇〇円

本居宣長〔改訂版〕　＊言葉と雅び　菅野覚明著　三二〇〇円

小林秀雄と〈うた〉の倫理　出岡宏著　二六〇〇円

◆表示価格は税別です。